排球教学训练理论与方法设计

初立伟 著

人民体育出版社

图书在版编目（CIP）数据

排球教学训练理论与方法设计 / 初立伟著. -- 北京：人民体育出版社, 2022（2023.4重印）
ISBN 978-7-5009-5723-2

Ⅰ.①排… Ⅱ.①初… Ⅲ.①排球运动—体育教学—教学研究 Ⅳ.①G842.2

中国版本图书馆CIP数据核字(2022)第043972号

*

人民体育出版社出版发行
北京建宏印刷有限公司印刷
新 华 书 店 经 销

*

710×1000　16开本　13.75印张　250千字
2022年6月第1版　2023年4月第2次印刷

*

ISBN 978-7-5009-5723-2
定价：66.00元

社址：北京市东城区体育馆路8号（天坛公园东门）
电话：67151482（发行部）　　邮编：100061
传真：67151483　　　　　　　邮购：67118491
网址：www.psphpress.com
（购买本社图书，如遇有缺损页可与邮购部联系）

前　言

教育质量是高等学校的生命线，全面提高高等教育质量的核心是大力提升人才培养水平。提升人才培养水平必须坚持重点突破，要在影响人才培养质量的关键领域和薄弱环节上把提高教育质量落实在实处。体育教学与训练是高等学校体育专业学生的主要教育过程，教学与训练方法直接影响到学生的学习效果，关系到体育人才的培养质量。

排球是我国开展较为普遍的一项运动，是体育教学中的重要组成部分，对发展学生的身心健康、掌握良好的专业知识和技能，以及培养学生终身体育锻炼能力与习惯具有十分重要的意义。本书探讨了排球教学与训练方法的相关内容，全面系统地分析了排球运动专业人才需要系统学习和掌握排球运动的理论知识、技术和心理素质等内容，也总结了一些排球教学多年来的经验和研究成果。全书由浅及深，逻辑清晰，内容丰富，具有理论和实践价值。

本书编写过程中参阅了大量的相关文献（含网络文献），在此，对文献作者表示衷心的感谢！虽然本书编者参阅了大量文献资料，汇集了最新的排球运动理论知识和实践经验，但是限于编者水平和能力，书中难免会有不妥之处，恳请广大师生以及读者提出宝贵意见，以利于教材的再次完善与修订。

初立伟

2021 年 3 月 26 日

目　录

第一章　排球运动导论 ·· 1

第一节　排球运动发展史 ·· 1
第二节　排球运动比赛概述 ·· 14
第三节　排球运动发展趋势 ·· 18

第二章　排球教学训练与教材教法设计 ······················ 24

第一节　排球教学工作 ·· 24
第二节　排球教学文件 ·· 33
第三节　排球技术教学方法 ·· 37
第四节　排球教材教法设计分析 ·· 53

第三章　排球基本教学与训练方法 ······························ 62

第一节　排球技术基本理论 ·· 62
第二节　准备姿势与移动教学训练 ·· 72
第三节　发球技术教学训练 ·· 81
第四节　垫球技术教学训练 ·· 91

第五节 传球技术教学训练 …………………………………………… 110
第六节 扣球技术教学训练 …………………………………………… 125
第七节 拦网技术教学训练 …………………………………………… 138

第四章 排球战术教学与训练方法 ………………………………………… 144

第一节 排球战术基本理论 …………………………………………… 144
第二节 阵容配备与位置交换训练 …………………………………… 149
第三节 信号联系与"自由人"训练 ………………………………… 154
第四节 进攻与防守战术训练 ………………………………………… 156

第五章 排球运动员体能训练方法 ………………………………………… 159

第一节 力量训练方法 ………………………………………………… 159
第二节 速度训练方法 ………………………………………………… 170
第三节 耐力训练方法 ………………………………………………… 174
第四节 灵活性训练方法 ……………………………………………… 177
第五节 柔韧性训练方法 ……………………………………………… 180

第六章 排球运动员心理素质训练方法 …………………………………… 184

第一节 排球运动员心理技能训练 …………………………………… 184
第二节 排球运动员一般心理训练 …………………………………… 186
第三节 排球运动员比赛心理训练 …………………………………… 197

参考文献 ……………………………………………………………………… 207

第一章　排球运动导论

第一节　排球运动发展史

一、世界排球运动发展历程

（一）世界排球运动发展的阶段

世界排球运动发展120多年来大体经历了3个阶段，即从娱乐排球向竞技排球过渡阶段；竞技排球迅猛发展阶段；竞技排球的多元化和娱乐排球的再兴起阶段。

1. 从娱乐排球向竞技排球过渡阶段

排球运动诞生之初，是为中老年人锻炼身体而创造的一种娱乐性游戏活动。人们对球进行隔网拍打，相互嬉戏，以使球不落地为乐趣。初始时，技术简单粗糙，双方只是争取用手一次将球击过网，若不能一次将球击过，会有同伴再击。在游戏过程中人们逐渐体会到，一次击球过网不一定是最佳方式，有时从前场近网处甚至跳起击球过网，反而能创造更好的获胜机会。这样便出现了多次击球的打法，以寻找最佳时机或为技术更好的同伴创造得分机会，即形成了有意识、有目的、有组织的集体配合战术的雏形。

后来人们又认识到，一方无休止地击球也不合理，于是产生了每方击球至多3次必须过网的规定。这一规定的产生使单一的拍击动作，开始分化为传球和扣球两种技术。富有攻击性的扣球技术的出现，吸引了更多的年轻人参加，使单纯以娱乐、游戏为目的的排球运动逐渐增添了激烈对抗的色彩，为对付扣球又产生了拦网技术，发球也开始采用增加力量的侧面上手球，至此，排球运动产生了质的飞跃。

排球运动竞技性、对抗性的加强，引起了人们对比赛规则的重视。1921—1938年排球运动比赛规则被进行了多次修改和完善，发球、传球、扣球和拦网已成为当时的四大基本技术。在运用各项技术的同时，逐渐形成了有意识、有目的、有组织的战术配合，场上队员也出现了位置分工。20世纪30年代末—40年代，排球战术进一步发展为了对付集体拦网，大力扣球和吊球相结合的打法相继产生，与之相对应的拦网保护战术系统初步形成。

这一阶段排球运动的特点是，从开始时的娱乐游戏性质逐渐向竞技性质过渡，国际间的比赛并没有形成统一的竞赛规则、竞赛制度和竞赛组织。

2. 竞技排球迅猛发展阶段

第二次世界大战后，一些国家相继成立了排球协会。人们希望国际上有个统一的组织来开展国际排球竞赛与交流。1946年8月26日，法国、捷克斯洛伐克、波兰三个国家的排球代表在布拉格召开会议，倡议成立国际排球联合会。1947年4月，国际排联在巴黎正式召开成立大会，14个国家的排协负责人出席了会议，选举了法国的保尔·黎伯为第一任主席。此次大会制定了国际排联宪章，成立了技术委员会、竞赛委员会和裁判委员会，并正式出版了通用的排球竞赛规则。国际排联的成立标志着排球运动从此摆脱了娱乐游戏的性质，进入竞技排球发展的新阶段。

国际排联成立后组织了一系列国际性的大赛，如第一届欧洲男子（1948年）、女子（1949年）排球锦标赛，第一届世界男子（1949年）、女子（1952年）排球锦标赛，第一届世界杯男子（1965年）、女子（1973年）排球赛，第一届世界青年男、女（1977年）排球锦标赛和奥运会男、女（1964年）排球赛。这些国际比赛之后每隔4年举行一次，一直延续至今。此外，国际排联下属的各洲联合会也定期组办锦标赛、洲运动会排球赛、洲青年锦标赛等。在众多的大型比赛和广泛的国际交往促进下，排球运动的技战术得到了蓬勃发展。20世纪50年代，东欧一些国家排球运动技术水平较高。苏联男、女排均以身高体壮、扣球力量大且凶狠而成为当时"力量派"的代表，曾多次蝉联世界冠军。捷克斯洛伐克男排是当时"技巧派"的代表，他们以扣球线路变化多和控制球的落点为特色，扣球轻重结合，是"力量派"的主要对手，但在实际抗衡中仍是"力量派"占上风。

20世纪60—70年代初是排球技术和战术发展较快的一个时期，世界排坛呈现不同流派各显特色，不同风格先后称雄的局面。60年代初，日本女排在大松博文教练的带领下创造了滚动救球、前臂垫球及勾手飘球技术，突破了以苏联、东欧为代表的技术模式，从此改写了苏联女排独霸世界冠军的历史。日本女排在技术上的三大发明是排球技术和战术上的一次重大革命，为排球运动的发展作出了极大的贡献。这一时期的女子排球，以日本为代表的"防守加配合"和以苏联为代表的"进攻加力量"打法相抗衡为主流，她们平分了8届大赛的金牌，世界女排进入日苏对垒时代。

1965年国际排联对规则进行了修改："允许手过网拦网"。规则的这一改变，使如何突破拦网，提高网上控空权成为比赛取胜的关键。当时男子"力量派"打法已不占优势，德意志民主共和国队因以突出高大队员的"超手扣球"解决了这一问题并取得了连续两年的世界冠军而被称为"高度派"。当时中国男排针对拦网规则的变化，创造了"盖帽拦网"和"平拉开扣球"技术，开创了"小个子打大个子"的先河，引起了世界排坛的哗然。日本男排很快在学习我国"平拉开扣球"和"近体扣球"的基础上创造了"短平快""时间差""位置差"等进攻打法。1972年在第20届奥运会上，日本队击败以高度著称的德意志民主共和国队，为亚洲夺得了首枚奥运会男子排球赛的金牌。至此，以中国队和日本队为代表的"速度派"开始形成。这一时期男子排球四大流派的对峙，繁荣了排球的技战术打法。这时的排球运动逐渐以激烈的对抗性和高度的技巧性展现出自己的魅力。国际排联为了推动排球运动的发展，于1977年再次修改了规则，即拦网触手后仍可击球3次，这样又给组织进攻提供了更多的机会，进一步促进了攻防的激烈程度。20世纪70年代后期，中国男排首创了"前飞""背飞"等空间差系列打法，中国女排发明的"单脚背飞"技术，波兰男排创造的后排进攻战术，使排球运动进攻战术配合从二维空间发展到三维空间，从平面配合发展到立体配合的新阶段。这一阶段美洲的排球运动也得到迅猛发展，古巴男、女排和美国女排迅速崛起并跻身世界强队之列。随着国际交往的不断增多，各种流派在相互取长补短中逐渐融合。欧洲各队吸取了亚洲的快攻打法，向强攻加快攻、力量加技巧方向发展。亚洲各队在进一步发展快变战术的同时，重视提高运动员的高度以增加进攻威力。总之，20世纪70年代是竞技排球发展速度最为突出的时期，由单一模式到不同流派的产生，由重攻轻守到攻防兼备，由追求高度和力量到追求技战术，由注重个人技巧到讲究集体配合，竞技排球技战术产生了质的飞跃。

3. 竞技排球的多元化和娱乐排球的再兴起阶段

（1）竞技排球的多元化

进入20世纪80年代的竞技排球已度过了它的成长、发育时期而逐步走向成熟，当初那种只要在技战术某一环节能够超群的队就有可能问鼎的时代已一去不复返。中国女排之所以在1981—1986年连续5次夺冠，就是因为她们是一支既有高度又有灵活性，既能攻又能防，既能快又能高的全面型球队，练就了一套攻防全面、战术多变、以高制矮、以快制高的技战术打法，中国女排在世界排球运动发展史上写下了最辉煌的篇章。这一时期，美国男排创造性地运用了沙滩排球中的二人接发球战术，发明了摆动进攻战术。在比赛中，队员还大胆地运用跳发球和后排进攻技术，使前排的快变与后排的强攻有机地结合成纵深立体进攻战术；该队队员不仅文化素养高，善于改革创新，而且防守积极，作风顽强，终于使这支过去一直默默无闻的球队连续4次获得世界冠军。

中国女排和美国男排的成功，标志着排球运动技战术观念的革命，它预示着排球运动进入了全攻全守的新时期。全攻全守已不仅是个人攻防技术的称谓，而是指整体全方位的攻守。全攻首先从观念上打破了传统的进攻模式，意味着进攻的手段是从发球开始并包含拦网。西欧男排继美国男排崛起后，在职业联赛的交流中进一步发展了美国男排的攻防体系，使跳发球和纵深立体进攻战术达到运用自如且很少失误的程度，尤其是意大利、荷兰等国家，跳发球空中飞行时间仅为0.5秒，速度达到30米/秒，且拦网的成功率很高，因此进攻已不再是第3次击球的专利了。

全攻意味着进攻的变化已不再局限于网前的二维空间，而是充满整个场地的三维空间。意大利、荷兰等国家的男排不仅有高快结合的前排进攻，而且有在前排进攻配合下，从二传出手到扣球仅用0.8秒的背平快后排进攻，形成了高、快结合，前、后结合的全方位进攻局面。

全守即体现全方位的防守，首先是技术动作的全方位。当今由于进攻水平的不断提高，那种单纯依靠手和手臂击球的动作要防起迅雷不及掩耳的扣球是相当困难的。为了促进攻守平衡，国际排联本着积极鼓励防守技术的发展，同时又不消极地限制进攻技术的原则，从1984年开始，先后在规则上放宽了对运动员第一次击球时判断连击犯规的尺度，1992年将合法的触球部位从髋关节以上改为膝关节以上，1994年又由膝关节以上改为身体的任何部位均可触球，于是出现了手、脚、身全方位的防守动作，扩大了队员的防守面积，提高了防守质量。1999年规则又增加了后排自由防守队员。其次，体现在当代防守观念的转变，即由预判的"出击防守"代替了固定位置的"等待防守"，"高位防守"的取位则更需要运动员具有高水平的判断、反应及控制球的能力。最后，全方位的防守还体现在针对对手的进攻特点，随时调整拦网与防守的配合，打破原有的防守阵型模式，从而兼顾防守效果和防守后的反攻进行布阵。

20世纪90年代，意大利、荷兰男排以惊人的速度在国际上确立了领先地位，标志着竞技排球走向社会化、职业化的时代已经到来。由于排球运动的职业化趋势，使排球运动的技战术水平又跃上了一个新的台阶。职业俱乐部的实施使意大利排球水平突飞猛进，男排水平尤为突出。1988年以前的历次世界大赛中，意大利男排只有4次进入前8名，而1988年后每次都打入大赛的前8名（其中4次荣登冠军宝座，4次获亚军），意大利女排也获得2002年世界锦标赛冠军。在女排方面，古巴女排在高举高打的同时，也加快了进攻速度，并克服了情绪波动的弱点，在20世纪90年代独领风骚，1989—2000年先后夺得8次世界冠军。

进入21世纪，世界排坛的格局发生了根本性的变化。女子排球方面，古巴女排走下神坛，不再有一枝独秀的实力，中国、俄罗斯、意大利、巴西、美国女排呈多强林立的局面。男子排球方面，从诸强纷争变为巴西队异军突起，自雷纳多执教巴西男排以来，他们先后夺得了2002年世界锦标赛、2003年世界杯和世界男排联赛及2004年奥运会的冠军。

（2）娱乐排球的再兴起

随着时间的推移，排球运动的娱乐性逐渐被竞技性取代。20世纪80年代以来，竞技排球的技术和战术都发生了质的变化，全方位的攻、防更增加了比赛的观赏性。但随着现代经济的发展，人们对物质文化消费的需求也在不断提高，健身娱乐逐渐成为人们消除疲劳的有效方法。人们在观看比赛获得赏心悦目的享受之余，也渴望亲自体验参与这项运动的乐趣。由于排球运动本身的高度技巧性，往往使前来参加运动的人望而却步。因此，人们希望有一种大众都能够参加的排球运动尽快诞生，于是开始从球的性能、比赛规则方面进行适合各自需要的修改，全球性的娱乐排球应运而生。

国际排联在竞技排球中的一系列改革，虽然吸引了更多的观众，但参与的还不多，这无疑会影响人们对该项运动的喜爱，于是国际排联对这些适合大众开展的排球运动形式给予了积极的支持和重视。20世纪90年代国际排球联合会把沙滩排球列入了整体发展规划，并成立了沙滩排球委员会，1993年出版了第一部正式竞赛规则。1996年沙滩排球成为亚特兰大奥运会正式比赛项目。目前，软式排球、迷你排球（小排球）都组织过世界性的青少年比赛。总之，娱乐排球的再兴起，标志着现代排球运动进入了竞技排球与娱乐排球共存的新时代。

（二）排球运动发展的驱动因素

排球运动从问世之日起，就以双方隔网用手相互击球，进行攻防对抗的形式区别于其他的球类运动。时至今日，虽然竞技排球仍是双方在隔网进行攻防的击球对抗中来决定胜负，但对抗的形式和内容都发生了质的变化。排球运动之所以能从单纯的娱乐游戏发展到今天既具有技术的高技巧性、战术复杂多变的竞技性，又具有休闲、健身、游戏的娱乐性，主要因素不外乎以下两个方面。

1. 观念的转变促进了排球技战术的发展

（1）攻防观念的转变促进了排球技战术的发展

排球运动自从传、扣技术分开后，人们就把那种在网前跳起后将球扣到对方的技术看成是向对方的进攻。20世纪50年代，人们的进攻观念发展到通过"中、边一二"战术的形式形成两个不同的进攻点给对方以威胁，后来由于拦网技术的出现，人们认识到不能一味地由一两个点往下扣，若不避开对方的拦网，就很难发挥进攻效果，于是出现了20世纪60年代的"线"，即扣直线、斜线、高弧线的球。扣球个人战术也应运而生，如转体、转腕扣球等。70年代随着运动员的身高及弹跳力的增长，进攻只限于点、线很难通过拦网，于是人们的进攻观念开始走向充分利用网长的整个垂面。当时的集中与拉开、高球与快球、时差与位差等战术扣球形成了70年代的"面"，但当时的进攻观念仍不能摆脱拦网的威胁，从网前向场地的纵深迁移、远网扣球、后排扣球、跳发球的相继出现，说明了进攻区域已从网前扩大到了端线。另外，此时的排球比赛已把发球和拦网列入了向对方发起进攻的形式和手段。现代竞技排球已经摆脱了"中、边一二"和"插上"的进攻形式，二传可在场上的任何位置上组织进攻，扣球队员可在场上的任何位置上扣球，形成了一种新的"中、边一二"和"插上"的进攻形式。场上主攻与副攻的分工已不明显，主攻常打快攻，副攻参与强攻与后排攻，两翼队员在前后排的跑动进攻已成为比赛的主要得分手段（由于接应二传的职责发生了根本性的变化，所以当前称其为两翼队员，意思是指该位置要承担起在阵型的另一翼向对方发起进攻的任务）。

人们对排球运动在进攻观念上的不断变化，促进了防守观念的转变。在当初点、线、面的进攻时代，防守是从固定位置采用低姿的以单、双臂击球的各种救球动作，在"心跟进""边跟进"防守阵型的位置分工下进行的。由于防守阵型有了"扩大"和"压缩"型的变化，于是前扑、鱼跃、滚翻垫球及挡球技术也随之而生。当进攻战术发展到全方位的立体进攻时代，人们的防守观念又发生了突变，即认识到要将过去那种被动的、等待型的防守动作，变成积极的、出击型的防守动作，把固定位置分工的防守模式变成针对型、变换型、动态型乃至全方位的防守动作和全方位的拦网整体配合。

（2）排球竞赛规则的修改，使竞技排球运动发展得更理想、更完美

排球运动从游戏活动向竞技运动发展的过程中，规则的不断修改和增补起了很大的推动作用，尤其是对规则的修改和增补在认识上的变化促进了排球运动向着更完美、更理想的方向发展。最初对规则的修改和补充只是以适应技战术发展和维护排球运动特性为目的，如在最初的规则中取消了允许球在网前落地一次的规定，以保护排球运动"空中击球""球不落地"的特点。随着传、扣技术的分化，规则又补充了发、传、扣球的技术概念，以后的规则规定在场地上设置中线是为了适应扣球和拦网技术的发展。1977年规定标志杆内移和允许拦网后可再击球3次，促进了快速反攻战术的形成。进入20世纪80年代，人们对规则修改的原则进行了重新认识，在对待攻防平衡的认识方面，认为应积极地鼓励防守技术的发展，而不能消极地限制进攻技术的发展。因此，在放宽了对第一次击球时连击的判罚和允许身体任何部位（包括脚）均可触球后，规则又减小了比赛用球的球内气压，以适当降低球速而利于防守。从此，全方位的防守技术动作相继出现，由手、臂的击挡到身体各部位的击挡，直至脚击球动作的产生，扩大了防守的控制范围，为有预判的出击式防守取代固定位置的等待式防守创造了先决条件，同时促进了前排拦网和后排防守更有针对性的配合，使防守阵型产生了质的变化，从而使防守质量大幅提高。1999年规则增设"自由防守人"，更利于接发球和后排防守。

排球运动的社会化和商业化在很大程度上要借助电视传播等媒介。为了成功地把排球运动推向市场，人们意识到规则的修改要利于电视转播。1992年规则补充了每局有1分钟的技术暂停时间，就是为了适应赞助商播放广告的需要。另外，为了有利于电视转播又不影响比赛的精彩程度，1997—1998年，国际排联试行了各种竞赛制度修改方案，最终以当前的每局25分的每球得分制代替了发球权得分制，从而加强了比赛时间的可控性。

总之，排球规则的每次修改，都是对排球运动发展的又一次促进，使排球运动向着更完美、更理想的方向发展，使之更快成为人们最喜爱的体育项目之一。由此可见，排球运动的发展和演变与规则有着密切的关系，排球规则的不断修改、完善和变化，促进了排球运动向前发展。

2. 物质文明的发展，促进排球运动向着竞技性与娱乐性共存的方向发展

随着高科技时代的到来，科技工作也逐步介入排球运动中，体现在将其他学科的新理论、新方法应用于排球运动的研究越来越多，其中许多科研成果为世界排球运动作出了很大的贡献。意大利男排主教练以先进的理论和实践确立了"排球场上没有防不起的球"这一训练指导思想，并提出了防重扣的有效方法，使意大利男排在 1990 年世界排球联赛中，防起率达 64.3%，该队水平也从 1989 年至今始终保持在世界前列，并且多次夺得冠军称号。古巴排球运动科研工作最富有成效的方面，是他们总结了一套快速提高运动员身体素质的方法，体现在能使运动员具有惊人的腰腹力量、卓越的弹跳力及风驰电掣般的挥臂速度。然而，随着物质文化消费水平不断地提高，健身、娱乐、休闲逐渐成为人们的一种生活需要，人们已经不仅满足于从观赏精彩排球比赛中愉悦身心，更渴望能亲自参与到该项运动中去体现自我、健身娱乐，因此，单纯开展 6 人竞技排球已不能满足人们日益增长的需要，于是全球性的以各种形式出现的娱乐排球悄然兴起。当今的排球运动已不再是 6 人竞技排球的专称，它体现了竞技排球与娱乐排球的共存。

二、中国排球运动发展历程

19 世纪末 20 世纪初，随着西方文化的大量传入，西方的一些竞技运动项目逐步在中国开展起来，排球运动也是在这一时期传入中国。在传入初期，排球运动只是作为一项游戏用于娱乐，很少有竞赛活动。直到 1913 年远东运动会，中国、菲律宾进行首次排球比赛后，中国各地才逐渐开展起排球运动的竞赛活动。

（一）中华人民共和国成立前排球运动的发展概况

1905 年，排球运动首先在广州南武中学和香港皇仁书院流行起来，后来主要通过基督教青年会体育部、留学生、外籍人士等以教学、游戏、训练班及表演赛等方式进行传播，排球运动逐步在我国部分城市的一些学校中开展起来。人们根据 Volleyball 的译音，把空中击球称为"华利波"。1913 年，我国参加了在菲律宾举行的第 1 届远东运动会排球赛，这是世界上第一次正式的排球国际比赛，虽然参赛队只有中国和菲律宾，我国的代表队又是临时从田径、足球队中抽调的一些运动员拼凑起来的，但比赛打得精彩、激烈，引起了人们的兴趣。这些队员回国后，将正式的排球运动带到了广州、台山、文昌等地。

男子排球从 1914 年的第 2 届全国运动会，女子排球从 1924 年的第 3 届全国运动会开始被正式列为比赛项目，并将"华利波"改称为"队球"，取成队比赛之意。1915—1934 年，我国男排共参加了 10 届远东运动会，获得 5 次冠军和 5 次亚军。而我国女子排球比赛开始较晚，1921 年在广东省运动会上首次出现，

1923—1934年曾参加了5次远东运动会,均获亚军。1930年中国第4届全运会之前,经中华全国体育协进会研究,根据其球在空中被来回击打和参加者成排站位这两个特点,将"队球"改称"排球"。从此,排球这一名称和运动形式在我国传播开来并沿用至今。

受远东运动会的影响,我国排球运动经历了16人制—12人制—9人制—6人制的演变过程。1915—1919年,我国排球比赛采用16人制,每方上场16名队员,分成4排,每排4人站位,比赛中位置固定不轮转。1919—1927年,我国排球比赛采用12人制,双方各12名队员上场,分成3排,每排4人站位,场上位置仍固定不进行轮转。当时已出现上手发球、正面扣球、单人拦网及倒地救球等技术动作。1927—1951年,我国排球比赛采用9人制,双方各9名队员上场,分成3排,每排3人站位,位置同样采用固定不进行轮转模式。当时又出现了勾手大力发球、勾手扣球和鱼跃救球等技术动作,尤其在第8届、第9届远东运动会上,为了突破菲律宾高大球员的拦网,我国队员创造了"快板球"技术和快球及快球掩护下的两边拉开进攻战术。9人制排球在我国延续了24年之久,是在采用6人制之前,我国开展排球运动时间最长的一种比赛形式。

我国正式采用6人制排球是在中华人民共和国成立以后。虽然,此前排球运动已在我国开展了40余年,但因国家贫穷落后,普及程度不高,只是在几个大城市和东南沿海地区开展,所以技术水平不高,战术也非常简单。

(二) 中华人民共和国成立后排球运动的发展概况

1. 初露锋芒阶段

中华人民共和国成立后,排球运动很快被国家作为重点体育项目在全国进行推广、普及,成为发展较快的体育运动项目之一。为了适应国际体育文化交流和比赛的需要,1950年7月在全国体育工作者暑期学习会议上,中华全国体育总会第一次向与会人员介绍了国际排联制定的6人排球竞赛规则和方法。1951年1月,组建了中国青年男子排球队,赴柏林参加第11届大学生冬季运动会和第3届世界青年联欢节。1951年5月,在北京举行的第1届全国篮、排球比赛大会上正式采用6人制排球比赛,并组建了国家男、女排球队,即当时的"中央体训班男、女排球队"。1952年,国家男、女排到全国14个城市进行6人制排球比赛的示范表演,为6人制排球运动在我国的普及起到了积极的推动作用。1953年,中国青年女子排球队首次随中国代表团参加在布加勒斯特举行的第1届国际青年友谊运动会排球赛。1953 年，中国排球协会成立。1954 年 1 月 1 日，我国加入国际排球联合会（简称国际排联），成为正式会员国。为了向当时排球运动处于领先地位的东欧各国学习，中国男、女排球队在赴布达佩斯参加第 12 届大学生运动会途经苏联时，曾到莫斯科、基辅等城市边训练边比赛，系统地学习苏联排球队先进的技战术和训练方法，对中国排球运动的发展起到了巨大的推动作用。

中国排球除了"走出去"外，还采取"请进来"的方法学习外国的先进技术及理论。在这一时期，捷克斯洛伐克军队男排和保加利亚男、女排球队先后应邀来我国访问。1956 年，国家体委邀请了苏联专家戈洛马佐夫在京、津两地举办的"全国排球教练员训练班"讲课，学员们全面系统地学习了苏联排球运动训练的理论与方法，为我国排球运动的发展起到了重要的促进作用。同年，建立了全国联赛的竞赛制度，并颁布了《中华人民共和国运动员、裁判员等级制度条例（草案）》，教育部颁布的《一般高等学校体育课试行教学大纲》《中等学校体育教学大纲（草案）》和《师范学校体育教学大纲（草案）》，均把 6 人制排球列为必修课程。

20 世纪 50 年代，我国排球按照普及与提高相互促进，以普及促提高，以提高带普及的发展思路，在继承 9 人制排球技战术基础上，首创了快球和快攻战术，使得我国排球运动水平迅速提高。1956 年，中国男、女排球队首次参加巴黎世界锦标赛（男子第 3 届、女子第 2 届）就取得了女子第 6 名，男子第 9 名的好成绩，在国际排坛上初露锋芒。

1964 年，周恩来总理邀请大松博文教练率领当时的世界冠军日本女排访华，并请他亲自指导排球运动员训练。贺龙副总理要求我国排球界要学习大松博文教练的严格要求和日本女排刻苦顽强的训练作风，明确提出"三从一大"，即"从难、从严、从实战出发，坚持大运动量训练"的训练原则，极大地推动了我国排球运动的训练工作，使我国排球运动水平又有了显著的提高。当时我国不仅学习了日本女排的勾手飘球、垫球及滚动救球技术，而且创造了"盖帽拦网"和"平拉开扣球"技术。

20 世纪 60 年代前后，我国各省、市队根据自己的特点开始形成各自不同的风格和技术打法。例如，以广东队为代表的快速配合，以四川队为代表的细腻稳健，以北京队为代表的高打强攻，以解放军队为代表的勇猛顽强，以上海队为代表的灵活多变等，充分体现了我国 6 人制排球技战术水平的明显提高。

1966—1976 年，我国的体育事业受到了严重摧残，排球运动也同样遭此厄运。在此期间，运动队都停止了训练，有的队甚至被解散，排球运动的整体技术水平下降，运动队出现青黄不接的局面。在 1974 年的世界排球锦标赛上，我国男女队分别降至第 15 名和第 14 名，我国与世界强队之间缩小的差距又被进一步拉大了。

2. 腾飞辉煌阶段

1972 年，在周总理发出"要把体育运动重新搞上去"的号召下，国家体委以举办五项球类运动会的形式恢复了体育竞赛，并于同年召开"三大球训练工作会议"，会议总结以往工作的经验，找出存在的差距，进一步明确今后排球训练工作的指导思想及发展规划，建立排球训练基地，并开始有计划地组织各省市队集中训练。通过每年的冬训，各省市队有了较长时间能够集中在一起相互学习、相互促进，这对提高技战术水平，迅速培养后备力量起到了一定的催化作用。1976 年，我国开始组建新的国家男、女排球队。

1977 年，中国男排在第 3 届世界杯排球赛中力压巴西、美国等欧美球队获得第 5 名，1978 年又在第 9 届世界排球锦标赛中获得男子第 7 名，1979 年我国男排在亚洲锦标赛中战胜韩国队获得冠军，并取得参加奥运会的资格。1981 年男排第 4 届世界杯预选赛，中国男排在 0∶2 落后的局面下，连扳三局逆转战胜韩国队，从而进军该届世界杯，并在赛事中再次获得第 5 名。逆转战胜韩国队的消息传到北京后，北大学子喊出了"团结起来，振兴中华"的时代最强音，传遍大江南北，为我国 20 世纪 80 年代的改革开放事业注入强大的号召力。

20 世纪 70 年代末至 80 年代初，是我国男排技战术水平提高较快的时期，在继承传统快攻打法的基础上，又大胆创新了"前飞""背飞""拉三""拉四"等新战术，形成了一套自己的快变战术打法。当时，中国男排的实力不仅冲出了亚洲，而且具备了与世界强队抗衡的能力。

1977 年，中国女排在第 2 届世界杯排球赛中获得第 4 名，1978 年又在第 9 届世界排球锦标赛中获得第 6 名，1979 年我国女排在亚洲锦标赛中战胜当时的亚洲和前世界冠军日本队获得冠军，并取得参加奥运会的资格。1981 年我国女排在日本举行的第 3 届世界杯排球赛中，以 7 战 7 捷的战绩第一次获得世界冠军的荣誉，为三大球翻身打响了第一炮。1982 年在秘鲁举行的第 9 届世界女排锦标赛中再次夺冠，1984 年中国女排继续发扬顽强拼搏精神，在美国举行的第 23 届奥运会排球赛中再次问鼎，第一次在奥运会排球比赛馆内升起了中国的五星红旗。1985 年在日本举行的第 4 届女排世界杯、1986 年在捷克斯洛伐克举行的第 10 届世界女排锦标赛中，我国女排又相继夺得冠军，创造了世界大赛中五连冠的新纪录。

这一时期我国的排球运动可谓以"全攻全守、能高能快"的战术特点，显示了世界排坛的新潮流，从此中国男、女排开始冲出亚洲，走向世界，实现了中国排球运动的腾飞。

3. 低谷徘徊阶段

20世纪80年代，当世界男子排球运动迅猛发展的时候，我国男排由于种种原因造成了运动水平的下降。1982年世界锦标赛的分组本来对中国男排非常有利，但因关键时刻队员的心理承受能力差，失去了进入前4名的机会，仅获第7名。1984年洛杉矶奥运会又以1胜5负的战绩排名第8。1985年世界杯亚洲区预选赛又以1：3负于韩国，从而失去参加世界杯的资格。1987年亚洲锦标赛上负于日本而失去参加第24届奥运会的资格。1989年亚洲锦标赛上负于日本队和韩国队，名列第3。

1997年，中国男排在新任主教练汪嘉伟的带领下重新摘得亚洲锦标赛的桂冠，并在世界锦标赛预赛中取得了参赛资格。在1998年世界锦标赛中，中国男排虽然较好地发挥了自己的水平，但因体能、体力和技术上的差距，在前12名中仍没找到自己的位置。1999年亚洲锦标赛上中国男排成功卫冕，但在同年上海举行的亚洲区男排奥运会资格赛中失去了一次绝好的依靠自己实力冲进奥运会的机会。从1984年到2016年的9届奥运会，我国仅有两次因特殊情况取得奥运会参赛资格，第一次是1984年以苏联为首的东欧国家抵制洛杉矶奥运会，获得额外参赛资格，第二次是2008年北京奥运会以东道主身份自动取得，30多年来尚未有一次靠自己的能力取得参赛资格。

随着男排成绩的下降，女排在20世纪90年代初运动成绩也急转直下，跌入低谷。1988年汉城奥运会，我国女排失去了冠军的宝座。1988—1991年两次世界杯和一次世界锦标赛分别获第2名、第3名、第2名。1992年奥运会和1994年世界锦标赛仅获第7名和第8名，而且在1994年亚运会上负于韩国而名列第2，此时中国女排的运动成绩又倒退到"冲出亚洲"的起点。

我国男、女排运动成绩下滑的原因，主要在于指导思想跟不上世界排球运动的发展。

首先，对"进攻"和"进攻战术"认识滞后。20世纪80年代的欧美男排就已普遍运用了跳发球和后排进攻打法，实现了在排球场上的全方位进攻，紧接着，欧美女排也开始效仿。但此时中国男女排的进攻观念仍停留在70年代的认识上，总是在前排二三点进攻变化上寻求突破，致使进攻战术既无创新也无借鉴，与国际先进水平逐渐拉开了距离。

其次，20世纪80年代末国际排坛的商业化趋势日渐明显，职业化趋势日渐成熟，而我国竞技体育的体制仍保持着50年代向苏联、东欧国家学来的旧管理模式。在世界体育职业化和国内市场经济浪潮的冲击下，运动队的管理问题突出地暴露在人们面前。

最后，随着国家的"奥运战略"的出台，各省、市的"全运战略"也应运而生，所有的运动项目均以拿金牌为目的。排球运动是集体项目，拿不到更多的金牌，因此很多省市都将砍掉排球队作为首选。

1995年，国家体委召开了重振排球雄风研讨会，会上总结了失败的教训，找出了问题所在，并且探讨了今后的发展方向，同年重新组建了国家女排，并请郎平回国执教。中国女排在郎平主教练率领下，严格训练，增强了全队的凝聚力，树立了重新攀登世界高峰的信心。先于1995年获得亚洲锦标赛冠军，并于同年获得世界杯赛的第3名，1996年又获得奥运会排球赛亚军，1998年世界锦标赛再次获得亚军，1999年世界杯获得第4名，2000年奥运会成绩下降至第5名。

4. 重铸辉煌阶段

在获得了2002年世界锦标赛的第4名后，中国女排在2003年世界杯女排比赛上，以11战全胜的佳绩，时隔17年再次夺得世界冠军。2004年雅典奥运会排球赛中，中国女排力克各路劲旅，勇夺阔别20年的奥运冠军。2015年在女排亚锦赛决赛中，中国队以3：0战胜韩国队，时隔4年重回亚洲巅峰，同时也是中国队历史上第13次获得亚锦赛冠军。2016年9月20日，第5届女排亚洲杯在越南永福落下帷幕，中国女排二队在决赛直落三局以3：0击败哈萨克斯坦成功卫冕，继2008年、2010年和2014年后荣膺第4冠。2015年在第12届女排世界杯决赛中，中国女排以3：1战胜日本队，第四次将世界杯冠军的奖杯收入囊中。2016年里约奥运会女排赛中，中国女排在小组赛成绩不佳的情况下，先以3：2力克卫冕冠军巴西队挺进4强，接着以3：1战胜荷兰女排打进决赛。在决赛中，中国女排在先失一局的情况下，连扳三局，以3：1逆转战胜塞尔维亚女排，时隔12年再次获得奥运冠军，也是第三次获得奥运会金牌。

中国女排重夺世界冠军宣告了女排精神的回归，诠释和刷新了"无私奉献、团结协作、艰苦创业、自强不息"的女排精神。在新的历史背景下，女排精神也被郎平所率领的团队赋予了新的含义。在刻苦训练、顽强拼搏的基础上，郎平将国际化、专业化的团队合作形式和科学训练的理念引入中国女排无疑是重回巅峰的关键因素。而坚持"从制度入手，高标准、全方位齐抓共管"的工作思路和"走全面快速多变的道路，技术上更加精细全面，整体配合上更加默契娴熟，快速多变的特点更加突出"的指导思想，发扬敢打硬仗、敢于胜利和团结协作、顽强拼搏的精神以及始终坚持更是取胜的法宝。

与中国女排重回世界巅峰的辉煌相比，面对与世界先进水平之间的差距，中国男排经历了一段较长的痛苦和摸索时期。在 2003 年世界杯上中国男排仅获得第 10 名。2004 年奥运会落选赛，因负于澳大利亚队而无缘雅典奥运会。2008 年，中国男排以东道主的身份参加了北京奥运会男子排球比赛，并最终获得第 5 名，取得了历史性突破。2016 年 5 月，在日本举行的里约奥运会男排落选赛中，中国男排以 7 战 2 胜 5 负积 9 分的成绩位列第 6 无缘里约奥运会，依旧未能打破 32 年来从未靠资格赛成绩打进奥运会的魔咒，再次与奥运会失之交臂。本次落选赛前半段中国男排的表现可谓惊艳，表现出了一定的技战术能力和素养，进攻拦防打得有板有眼，士气高涨，让人们看到中国男排明显的进步。面对实力相差悬殊的法国队和波兰队，中国男排不再被动挨打处于绝对下风，往往能有令人惊喜的出色表现，为中国男排日后的复兴和发展留下了广阔的空间。

2016 年 5 月，国家体育总局公布的《体育发展"十三五"规划》给出了排球的发展行动计划："进一步推进青少年训练教学大纲的修订与推广应用工作，全面把握专项特点与竞技规律，构建符合现代运动训练发展要求的训练体系，以创新带动训练水平的提高，加强国家队复合型教练员团队建设和基础建设，强化保障机制，取得更多优异的运动成绩。在推动我国排球运动整体水平明显提高的基础上，中国女排保持在亚洲的领先地位和世界先进水平，在 2016 年里约奥运会和 2020 年东京奥运会上保持在领先水平行列；中国男排逐步缩小与世界强队的差距，力争获得 2020 年东京奥运会参赛资格。"

中国男排要想冲出亚洲，走向世界，就必须有所改变。不仅是技战术要更加完善和全面，在思想和意识上也应该有一定的提高。要紧跟世界排球排坛发展潮流，要有现代排球意识和先进的排球训练理念，要增加新技术、新打法的研究开发和改革发展思路。中国男排只要踏踏实实地从青少年培养抓起，就能形成从地方到国家队的良性循环，学习世界男排训练与管理的先进理念，完全可以达到世界一流水平，与世界排球强队相抗衡。

第二节　排球运动比赛概述

一、比赛方法

排球运动是由两支人数相等的球队，在被球网隔开的两个均等的场区内，根据比赛规则，用身体任何部位将球从网上击入对方场区，而不使球在本方场区内落地的集体攻防对抗的体育运动项目。

排球比赛的形式多种多样，其基本方法是由一名队员在发球区内用一只手将球直接击过球网开始，每方最多击球 3 次使球过网，不得持球；一名队员不能连续击球 2 次；比赛不间断地进行，直至球落地、出界或某队犯规。

发球队胜一球后，由该队同一名队员继续发球。接发球队胜一球后，按预先登记的发球顺序轮转，由下一名队员发球。比赛采用每球得分制，如 6 人制排球发球队胜一球得一分，接发球队胜一球得发球权，同时得一分。

比赛有五局三胜制、三局两胜制和一局胜负制，首先达到规定分数的队胜该局，达到规定胜局的队胜该场比赛。

二、排球运动的特点

1. 形式的多样性

排球运动的场地设备较简单，室内室外均可设置比赛场地。地板上、沙地上、草地上、雪地上，甚至水中都可以进行排球活动，形式多样，比赛规则容易掌握且可变通。

2. 广泛的群众性

参赛人数可多可少，运动负荷能大能小，适合不同年龄、性别、体质和训练程度的人在不同环境条件下进行活动。因此，它有广泛的群众性。

3. 技术的全面性

排球比赛中，任何位置的队员都要参与防守与进攻，因此，每个队员都必须全面掌握攻、防技术。

4. 高度的技巧性

由于排球比赛具有球不能落地、必须将球击出、不能持住球、同一名队员不得连续击球两次、每队击球次数又有规定等特点，决定了排球技术的高度技巧性。

5. 激烈的对抗性

排球比赛中，双方的攻防转换始终在激烈的对抗中进行，对抗焦点主要集中在网上的扣与拦之间。每一分的争夺往往要经过好几个回合，水平越高的比赛，对抗性越激烈。比赛双方利用规则允许的 3 次击球机会，通过精心设计的巧妙配合，在瞬间完成激烈的攻防转换和完美的战术组合。

6. 轻松的娱乐性

排球运动不拘泥于形式，可支网对抗比赛，也可围圈嬉戏。只要有一块空地、沙滩或草地，尽可以享受击技的乐趣。

三、排球世界大赛简介

（一）世界排球锦标赛

世界排球锦标赛是开展最早、规模最大的世界性比赛。1989 年国际排联将世界青年排球锦标赛、世界少年排球锦标赛与之统一规划、统一领导，称为世界锦标赛系列。

1. 世界排球锦标赛

首届世界男子排球锦标赛于 1949 年在布拉格举行。1952 年，第一届世界女子排球锦标赛和第二届世界男子排球锦标赛在莫斯科举行。此后，每隔 4 年举行一届。

世界排球锦标赛是世界排球比赛中参赛队数最多的大型比赛。各国球队自由报名参加分布在各洲的锦标赛资格赛以获得决赛资格，根据各洲排球发展水平的不同，名额配置也不同。

如 2011 年的决赛有男、女各 24 支队，由 174 个国家和地区在 53 个赛区角逐产生。其中，只有东道主队和前一届锦标赛的冠军队有资格直接进入决赛。

2. 世界青年排球锦标赛

首届世界青年排球锦标赛于 1977 年在巴西里约热内卢举行，每两年举行一次。

世界青年排球锦标赛规定，参赛队员男子年龄不得超过 20 岁，女子不得超过 19 岁。

参赛队的资格一般为东道国代表队和各洲青年锦标赛的前 2~3 名。各洲的名额比例由国际排联根据参赛队总数指定。

3. 世界少年排球锦标赛

世界少年排球锦标赛始于 1989 年。首届比赛男子队在阿联酋举行，女子队在巴西举行。世界少年排球锦标赛每两年举行一次。

世界少年排球锦标赛规定参赛队员男子年龄不得超过 18 岁，女子不得超过 17 岁。

参赛队的资格一般为东道国代表队和各洲少年锦标赛的前 3~4 名。各洲的名额比例由国际排联根据参赛队总数指定。

（二）世界杯排球赛

世界杯排球赛的前身是"三大洲"男子排球赛，由欧、亚、美三大洲的球队参加。1964 年，国际排联将其扩大为世界大赛，称为"世界杯赛"。1965 年在华沙举行了首届男子世界杯排球赛。女子世界杯排球赛始于 1973 年的蒙得维的亚。世界杯排球赛每 4 年举行一次，从 1977 年起举办地点固定在日本。

世界杯排球赛的参赛队最多不超过 12 支。参赛队一般为东道国代表队、上届冠军和各洲锦标赛的前两名。

（三）奥运会排球赛

从 1964 年起，排球比赛被列为奥运会比赛项目。

参赛资格一般为：直接参赛的是东道国队、上一届奥运会冠军队、世界杯赛冠军队、世锦赛冠军队和五大洲资格赛的第一名。另三支球队是国际排联主办的资格赛获胜队。近年来，其竞赛规程有所改变，增加了资格赛和落选赛的名额，提高了竞赛的激烈程度和获得资格的机遇。

（四）世界男排联赛

世界男排联赛是带有商业性质的世界大赛，每年一次，参赛队为 16 支队，按世界排名的情况，各洲名额比例不同。比赛预赛分为 4 个小组，打主客场制，前六名的参赛队进入决赛。

（五）世界女排大奖赛

世界女排大奖赛也是带有商业性质的世界大赛，每年举行一次，参赛队为12支队。大奖赛的预赛分为9站在欧洲、亚洲不同城市进行，每站有4支队进行单循环比赛，比赛先进行三周分站赛，分站赛前五名的球队与东道主队获得总决赛的参赛资格。

第三节　排球运动发展趋势

随着世界经济和现代化社会的发展，与社会经济息息相关的体育领域，也在发生着变化，排球运动也不例外，进入21世纪，现代排球运动呈现出多元化的发展趋势。

一、排球运动技战术的发展走向

从排球运动120多年的发展历程中可以看出，排球竞赛规则的变化始终是其发展趋势的指挥棒。竞赛规则的变化对排球技战术、运动员的身心条件、训练方法和科学研究都提出了更高的要求。从整体上来讲，排球运动的技战术朝着全、高、快、变的方向快速发展。

（1）全。是指攻防各项技术都必须全面掌握并运用自如，能全方位地攻和守，即能攻能防、能扣能拦、能高能快、能前排能后排等，每个队员都要技术全面并各有特长，能够有效地组合不同的战术，使战术组合更具个性化，发挥整体优势。"全面性"和"立体化"已经成为进攻战术的主体。

（2）高。是指运动员身材高、弹跳高。扣球时击球点高、过网点高、威力大；拦网时跳得高、滞空时间长、拦阻范围大。"前高位"防守成为防守战术发展的方向。

（3）快。是指快速地进攻与防守、调整和配合。不仅一攻快，反击也快，不仅副攻快，主攻和接应二传也能参加快攻。防守中的拦网移动、起跳要快，后防移动、倒地等动作也要快，整个队的技战术运用随场上的变化而变化也要快。

（4）变。是指排球技战术运用的多变。有大力跳发球和各种变化的飘球的发球多变，有强攻突破和各种快攻的进攻战术多变，有稳健的后排防守和高大拦网的防守战术的多变等。

二、排球运动全面职业化的发展走向

（一）国际排球运动的职业化发展

1984年，墨西哥人阿科斯塔当选为国际排联主席，为实现把排球运动发展成世界上最受欢迎的运动项目之一的目标，他领导国际排联对机构本身和排球运动进行了一系列的改革和调整。通过改革赛制、修订规则、配合并利用现代化传播媒介、创办世界男排联赛和女排大奖赛等，将排球运动推向了市场，推到了竞技体坛的高峰，取得了巨大的社会效益和经济效益。市场经济的主要特点就是一切遵循价值规律，排球运动进入市场就意味着再也不能保持原有的业余性质，而必须向着职业化方向发展。

意大利在国际排联的倡导下率先走上了职业化道路，大力推行排球运动员职业化和俱乐部制度。意大利的各俱乐部都有不同的工商巨头资助，高薪招募世界各国的优秀教练员、运动员为各自的俱乐部效力，由于俱乐部集聚各国的明星选手和优秀教练员，所以意大利的排球运动水平飞速提高。科学的理念和运营机制带来了巨大的成功，意大利排球水平在职业化后显著提高，原先战绩平平、连进入前8名都困难的男排甚至获得了4次世界冠军和4次世界亚军。随后，法国、德国、荷兰等西欧国家的排球运动职业化也获得了巨大发展，中国、韩国、日本、美国及拉美国家也都先后建立了各自的排球职业联赛。

排球运动的社会化和商业化在很大程度上要借助电视传播等媒介，传播媒体的介入，促使排球运动商业化趋势日益加强。同时，随着排球运动的竞赛形式越来越多样，大众化趋势日益明显。国际排联主席阿科斯塔指出，职业化代表着排球界的发展方向，巨额奖金促使比赛更加精彩，而紧张激烈的比赛既能吸引广大观众，又能创造出更大的经济效益。为了成功地把排球运动推向市场，国际排联几次修改竞赛规则，以便把排球运动彻底推向市场。排球运动商业化，带来的是运动员的高薪，而明星运动员就是排球运动社会化、职业化和商业化的必然产物。

（二）我国排球运动的职业化发展走向

为了适应国际排球改革潮流以及市场化、职业化发展的需求，1996年在全国排球工作会议上，确定了以赛制改革为突破口的基本方针，继而带动中国排球赛事全面改革。同年，全国排球甲A联赛实行主客场制，新举措的实施使冷落了多年的排球赛场又重新拥有了观众，运动员在场上又找回了拼搏奋进的感觉，因此，各队技、战术水平都有明显提高。1997年，国家排球管理中心的成立意味着排球运动的改革又向前迈进了一步。1998年，中国排球协会先后下发了《中国排球协会俱乐部运动员转会暂行规定》《中国排球协会关于发展排球俱乐部的意见》《中国排球协会关于排球俱乐部管理暂行规定》等文件，提出排球俱乐部的性质为公益性的社会团体，可以是赞助式、体委与企业联办或股份制形式。

为了适应市场，2000年中国排球协会召开全国排球俱乐部研讨会，下发了《2001年步步高无绳电话杯全国女排赛和2001年步步高DVD杯全国男排赛方案（草案）》，全面修改了比赛方法，一改以往排球联赛由组委会大包大揽的做法，明确规定各俱乐部为承办单位，承办权属于各参赛俱乐部，俱乐部承办主场各项组织工作并支付全额比赛费用。这进一步明确了各俱乐部的市场主体地位，促使俱乐部开始开展经营活动，推动排球职业化进程和俱乐部建设。2001年的全国排球联赛出现了少有的火爆球市，许多主场的观众上座率达100%，中央电视台的部分现场直播超过了甲A足球和篮球，表现出强劲的发展势头。2002年，高水平外援引进的出现，说明我国职业排球运动员的国际流动进入一个新阶段。

为了吸引观众，从2001年开始，中国排协采取了一系列积极措施，如创作联赛会歌、会徽，推出形象代言人，进一步规范和统一联赛整体形象等，同时加大改革力度，给各参赛俱乐部更大的自主经营权，拓宽经营范围，实行俱乐部办赛。联赛市场在整体形象、办赛质量、开发意识、管理水平等方面取得了很大进步。目前，全国排球联赛已经形成比较稳定的竞赛市场和相对固定的消费群体，具备了一定规模的球市。

然而，中国排球联赛作为中国最高级别的排球职业联赛，同足球和篮球联赛相比，职业化进程缓慢，一直被舆论批评。中国排球联赛自1996年创立以来已经举办过19届，除了因为第2届香港精英集团撕毁协议退出全国排球联赛的推广活动，中国排球联赛经历了"金施尔康""维达""步步高""安踏"和"361°"五个冠名赞助商。最近的两个赞助商安踏和361°，在冠名联赛的同时还提供联赛装备。然而，随着这两大体育用品公司的成长，电视直播日渐缩水的全国排球联赛已经无法满足他们在提升人气和增加企业曝光度方面的需求。2015—2016赛季排球联赛在与原冠名赞助商合同到期之后，未能找到新赞助商，经历了没有冠名赞助商的尴尬。直至2016年7月，经过将近半年的招标谈判，中国排球联赛商务运营伙伴才尘埃落定，体育之窗从2016—2017赛季起将负责联赛的商务运营推广工作，但 2016 年联赛的主赞助商依然难产。2016—2017 赛季启动仪式上，中国排协和运营公司体育之窗对联赛未来发展提出了目标：趁着中国女排重回巅峰的热度，试图打造一个英超之于世界足球、NBA 之于国际篮坛地位的世界级排球联赛。事实上，以水平而论，中国的女排联赛绝对能排进世界前三，然而，目前中国排球运动的职业化进程却并不顺畅。

2016 年，联赛高调推出了多项改革措施：除了比赛场地普及"鹰眼"裁判挑战系统、LED 电子广告屏、试点裁判电子记录系统等硬件举措之外，恢复举行全明星赛活动、球员转会制度、奖金体系和商业开发模式等改革最引人关注。新的球员转会制度下，排球联赛将取消一个运动员在一个赛季只能代表一个俱乐部参赛的规定，新赛季设置了三个转会期。另外，新赛季联赛将设立总额不少于 1500 万元的总奖金，除了针对运动员、教练员及优秀赛区的各种奖励，还增设最佳外援奖。商业方面，新赛季的排球联赛将不再采用冠名赞助的模式，而是借鉴奥运会合作伙伴的分级系统，分为官方联合创始合作伙伴、官方赞助商和官方供应商三个等级，不同的等级享有不同的商业权益。从赛制变化到球员转会制度改革，再到奖项和商业开发的改进，显示出联赛试图以全新的面目在新赛季亮相的决心，即将开始的排球联赛新赛季充满诸多亮点，也标志着中国排球联赛的职业化改革迈出了第一步。

然而高水平球员自由转会市场的封闭一直是排球联赛职业化受到制约的关键因素，其症结在于以全运会为核心的金牌与成绩评价体系。国内排球联赛的参赛队伍常年以地方队为班底，球员完全归属省队，导致的后果就是优秀选手"有价无市"，直接影响了国内球员的收入。2016—2017 中国排球联赛，虽说转会制度放宽，但从目前联赛各参赛队的构成来看，没有一家是摆脱政府体制的纯职业俱乐部，球员转会市场的核心症结丝毫没被触碰。国内转会的诸多分歧和障碍，也成为里约奥运会 MVP 得主朱婷远走土耳其联赛的重要因素。2016 年 5 月，朱婷正式转会瓦基弗银行俱乐部，年薪为 110 万欧元，在世界女子排坛年薪榜单上仅次于韩国名将金延璟。

其实对于联赛本身的品牌来说，冠名赞助并不是很好的形式，失去冠名赞助商的排球联赛应该更好地规划未来的商业愿景，效仿 CBA 和国外成熟排球联赛的运营和市场开发之路。借着中国女排世界杯和里约奥运会夺冠的东风，中国排球迎来了极佳的发展机遇，中国排球联赛也不要再错过这样的职业化改革良机。

三、高新科技成果在排球运动中全方位运用的发展走向

现代科学技术的迅猛发展，使现代体育运动各方面都发生了巨大的变化，传

统的主观性因素逐渐减少，而高新科技含量日益增加。特别是计算机和信息处理技术等高科技成功地运用于排球运动的教学、训练、竞赛和管理中，极大地提高了排球运动的发展水平，成为该项目取得优异运动成绩的保证。

20 世纪 80 年代初，美国女排教练与艾里尔博士合作，采用生物力学和计算机分析系统对各种情报、资料、信息进行处理，然后将结果用于指导美国女排的训练，从而使美国女排一跃进入世界先进行列，开创了排球运动领域的电子时代。

在对排球技术动作分析方面，科研人员研制了计算机技术动作分析系统，运用计算机技术、计算机图像处理技术、计算机数据库软件、图形学和录像技术与运动生物力学分析方法结合起来，用现代科学方法描述运动的过程，把运动特征数量化、规格化，然后精确完整地进行分析和比较。具体过程是用高速录像系统，首先摄入运动员的排球技术动作，然后将技术动作图像送入计算机图像处理系统，在计算机图形工作站将原始图像、三维生物力学的人体立体动作分析结果和文字说明的混合画面送入录像带，在屏幕上同时显示。教练和运动员可在训练场所设置的现场查询终端，查看运动员的技术动作分析结果。如中国科学院计算机所研制的"数字化三维人体运动计算机仿真系统（CAS 软件）"，通过先进的数字视频采集与传播技术，将模拟结果与运动员训练视频对比分析，帮助运动员认识到自身技术动作与教练心中"理想"动作的差异，然后从系统中获取正确的模拟动作，使教练在指导运动员的过程中有的放矢。在排球训练比赛技术统计方面，通过现场计算机的统计数据处理，可短时间内反映出场上每位队员的技术状态和发挥情况，将这些信息及时传达给主教练，有助于主教练更好地协调队员和掌控大局。

国际排联从 2012 年世俱杯开始，引进"鹰眼挑战系统""耳机对讲系统""电子记录系统"等一系列高科技于裁判员执裁，此后在世界杯、世锦赛、奥运会等高水平赛事中陆续启用。

协助裁判员判断，提高判罚的准确性，使比赛更加公平公正，极大地推动了排球比赛的科技化进程。中国排球协会也于 2016 年 1 月 18 日面向社会公开征集共同研发"鹰眼挑战裁判辅助系统"的行业服务商，准备将高科技引入中国排球赛事。3 月 21 日，北京瑞盖科技有限公司、南京再胜电子科技有限公司成为中国排协商务洽谈的单位。"鹰眼挑战裁判辅助系统"也将在"2016—2017 中国排球联赛"中投入使用。

计算机多媒体技术在排球技战术教学中已经被广泛运用。CAI 课件可实现问与答、分步骤演示、灵活的查询和仿真教学、模拟实验等功能，从而改变以课堂传授为主的传统教学方式，动态地模拟排球技战术的时空状态和连续变化过程，提高直观教学效果。目前，计算机网络技术也在排球运动中被广泛运用，极大地促进了排球运动水平的提高与发展。

四、排球运动的科研成果与实践应用日益紧密结合的发展走向

科研直接为排球教学训练和比赛实践服务，是排球运动科学研究活动的一个显著特点和发展方向，也是促进排球运动科学研究发展的过程。从方法论来看，科研人员越来越多地从文献研究、思辨研究，走向实证研究，从不同层面关注学校、关注课堂，关注运动训练实践，提高研究的实际应用价值。从科研的功用来看，越来越多的排球科研人员不再满足于排球教学训练的一般抽象理论论述，开始更多地追求排球运动研究成果的推广应用，促进排球教学训练的改革与发展。同时，排球运动科研方法和手段的不断丰富和发展也推动了排球运动科研发展和水平的不断提高。随着相关学科科研成果向排球科研领域的不断渗透和现代科技的应用，排球运动科研的方法和技术将会得到长足的发展。

五、"大排球"观念的发展走向

如今，国际排联已拥有 200 多个会员，是世界上最大的单项体育协会之一。高水平的竞技排球已在全球范围被广泛关注，但国际排联的目标并不是将排球变成只有少数人"表演"、多数人"观赏"的"一条腿"运动项目，排球运动需要全面地普及和推广。

为了更好地在全世界范围内扩大排球运动的影响，国际排联已开始有计划、有目的地开展和推广各种形式的排球运动，如沙滩排球、软式排球、气排球、迷你排球、雪地排球、地排球等。现代排球将朝着竞技排球与娱乐排球并存，高水平职业排球与群众排球共举的"大排球"方向发展。目前，沙滩排球的发展已经具有相当规模，从 1996 年成为亚特兰大奥运会的正式比赛项目后，不仅拥有自己的管理机构——国际排联沙滩排球委员会，还举行了规范的世界沙滩排球锦标赛和职业巡回赛。

第二章 排球教学训练与教材教法设计

第一节 排球教学工作

一、排球教学的任务

第一,通过排球教学,加强学生思想、品德教育和专业思想教育,培养严密的组织纪律性、团结协作的集体主义精神和勤学苦练、顽强拼搏的优良作风,培养良好的竞争意识。

第二,通过学习排球运动基本理论和基本知识,掌握排球基本技术、基本战术和基本技能,具有从事中学以上排球课程教学的能力,做到会讲、会做、会教、会写。

第三,掌握开展学校课外活动与组织基层排球竞赛的一般手段和方法,具备担任排球裁判工作的实践能力。

第四,增强排球专项身体素质,丰富健身知识,促进学生身体正常发育和机能的全面发展,为提高体能和运动技术水平打好基础。

第五,通过排球教学,使学生掌握科学锻炼身体的方法、手段,养成经常锻炼身体的良好习惯,为今后开展全民健身活动打好基础。

二、排球教学的原则

排球教学原则是根据排球的教学任务和教学过程的客观规律,对排球教师提出的基本要求。结合长期的教学实践,排球教学原则有以下 5 种:

1. 自觉积极性原则

自觉积极性原则是指在排球教学中,通过教师采用的各种组织措施和教学手段、方法,培养和激发学生学习排球运动基本理论知识、基本技术和基本技能的强烈愿望,使之在学习过程中自觉发挥最大的主观能动性,把认真完成学习任务变成自觉的行动。

2. 直观性原则

直观性原则是指在排球教学中,结合排球运动规律及特点,充分利用学生的听觉、视觉、肌肉本体感觉和已有的知识、技能,以获得生动形象的表象,通过教师的正确示范和广泛运用挂图、图片、电影、录像等现代化的教学手段,从而帮助学生掌握排球的知识、技术和技能。

3. 系统性原则

系统性原则是指在排球教学中,教学的内容、方法以及运动负荷必须根据人的认识规律、运动技能形成的规律及人体生理机能活动能力变化规律、机能形态改善和增强规律等进行合理安排。系统教学应按照由易到难、由简到繁、由主要到次要,负荷由小到大、由弱到强,由徒手模仿到结合球,再到结合球网和比赛实践,如此系统地多次重复、巩固、提高,直到形成熟练的排球技能。

4. 巩固性原则

巩固性原则是指在排球教学中,为使学生牢固地掌握排球技术,通过多次反复地学习和教学,从量变过渡到质变,达到熟练运用和自如的程度。巩固性原则是由条件反射强化和消退的理论及人体机能适应性规律所决定的。排球技术、技能的掌握是大脑皮质建立动力定型的结果,如果不及时巩固提高,动力定型就会消退。

5. 从实际出发原则

从实际出发原则是指在排球教学中,教学的任务、要求、内容、组织教法和运动负荷的安排等都要从客观实际情况出发,并力求符合学生的年龄、性别、身体发展水平、体育基础、心理素质、接受能力以及学校的场地、器材、设备、地区气候变化特点等实际情况,合理安排教学。

三、排球教学的方法

排球教学方法是指在排球教学过程中，教师根据排球教学的目的、任务、内容所采用的措施和手段。排球教学方法有教法和学法两层含义。

（一）排球教法

依据教学实践，常用的排球教学方法有以下 6 种：

1. 语言法

语言法是指在排球教学中，教师运用各种形式的语言指导学生掌握学习内容、进行教学的一种方法。排球教学中，教师运用语言传递，指导学生掌握技术动作和技能，加强学生对排球技术动作方法与要领的理解，从而加速对排球基本理论、技术、战术和技能的掌握。

在排球教学中，语言的形式有讲解、口令指导、口头评定成绩以及"默念"与"自我暗示"等。

（1）讲解。是指教师用语言向学生说明教学任务、动作名称、作用、要领、做法及要求，指导学生掌握排球技术和技能。

（2）口令指导。是指用简洁的语言，以命令的方式来进行的一种教学形式。如队伍的调动、队列教学等。

（3）口头评定成绩。是指在排球教学中，教师按一定标准、要求，口头给学生评定成绩的方法，如好、不好等。

（4）"默念"与"自我暗示"。默念是指在做动作前，默想整个动作的过程或动作的要领、用力、出球方向等。自我暗示是指在排球教学中，暗自默念技术动作的关键字句，如垫球技术的夹、插、压、提、蹬、跟、移等字。

2. 直观法

直观法是指在排球教学中，借助视觉、听觉、肌肉本体感觉等器官来感知动作的一种教学方法。如在排球技术教学中，可通过直观示范，帮助学生理解技术动作，了解技术动作的结构、路线、要领和完成技术动作的方法，以及与时间、空间之间的关系等。排球教学中常用的直观法有动作示范、教具和模型（挂图、照片）、电影、录像等现代电化教学手段。

（1）动作示范。是指教师（或学生）以具体动作为范例，使学生了解所要学习的动作规范、结构、要领和方法。正确、优美的示范，可使学生建立正确的动作表象，还可提高学习兴趣。

（2）教具和模型。教具和模型是指通过挂表、照片等直观教具进行的一种教学方法。采用该方法有助于学生建立正确的动作形象，了解技术动作的全过程。采用球场模型演示各种战术配合，有利于战术教学的进行。

（3）电影和录像。电影、录像是现代电化教学手段，是一种生动、形象、富有真实感的教学方法。该方法能引起学生的学习兴趣，有助于学生明确技术的进程。还可以根据教学需要放慢、定格，来进行深入的分析研究。

3. 完整法与分解法

（1）完整法。是指从技术动作的开始到结束，不分部分和段落，完整地进行教学的方法。完整教学法一般是在动作比较简单（如准备姿势），或者动作虽然比较复杂（如跳传），但难以进行分解或为了不破坏动作结构时采用。

（2）分解法。是指把完整的技术动作合理地分成几部分，依次进行教学，先分后合，最后达到完整掌握技术的一种教学方法。分解教学法有下列4种形式：

①单纯分解法。把所教内容分成若干部分，先将各部分一一学习掌握后，再综合各部分进行全部学习。例如，可把排球传球技术分为手型、击球点、用力三部分。先教手型，再教击球点，然后教身体协调用力，最后把三部分串联起来进行完整的传球技术教学。

②递进分解法。先教第一部分，再教第二部分，然后把一、二两部分串连起来教，学生学会后，再教第三部分，第三部分掌握后，再串联一、二、三部分进行教学，如此递进式进行教学，直到学生完整地掌握技术动作。例如，可把发球技术分为抛球、挥臂、击球三部分。先教抛球，再教挥臂，然后两部分串联起来进行教学，学生熟练掌握后，再教击球用力，最后把前两部分与第三部分串联起来进行教学。

③顺进分解法。先教第一部分，学生学会后，再教第二部分，第一、二部分都学会后，再教第三部分，如此直接前进，直到完整学会为止。例如，垫球教学，先教垫球手型，再教击球部位，最后教击球用力及手臂的反弹角度，直到学会完整的垫球技术为止。

④逆进分解法。此法与顺进分解法相反，先教最后一部分，逐次增加学到最前一部分，最后达到完整掌握。例如，扣球技术教学，先教扣球挥臂击球，再教起跳，最后教助跑，直到完全掌握扣球技术。

4. 预防与纠正错误法

在排球教学中，由于各种原因，学生难免会产生这样或那样的错误动作，如传球时大拇指朝前，扣球时起跳前冲过大等。如不及时纠正，就会形成错误的动力定型，影响正确排球技术、技能的掌握和提高，严重者可能造成伤害事故。

因此，在教学中，教师必须采取积极有效的措施，来预防和纠正错误。

（1）预防法。是指教师在教学过程中，采用的有效预防错误动作的各种手段与方法。在教学中，教师应根据教材内容、特点，对学生可能产生的错误预先提醒，或在教学手段上注意预防，对已发生或偶然产生的错误动作要及时指正，防止学生错误动作的形成，减少错误动作的发生。

（2）纠正错误法。是指针对学生个人出现的错误或班组集体存在的共性错误以及战术配合中形成的错误，教师有针对性地采用有效的纠错手段和方法。在教学过程中，常用的纠正错误动作的方法有正误对比法、矫枉过正法、降低难度法、附加条件法、限制教学法等。

5. 游戏法

游戏教学法是指以游戏的方式，在规则许可的范围内，充分发挥学生的主动性和创造性，以达到排球教材内容所规定的目标，而组织学生进行学习的一种方法。

在教学中，合理组织和运用游戏教学法，能有效地提高学生身体活动能力，全面发展身体素质，并能在复杂变化的情况下，运用知识技能，发挥技、战术，同时还能激发学生的情绪和兴趣，在游戏中获得身心的愉悦和运动的快乐。

6. 比赛法

比赛法也称竞赛法，是指在竞赛条件下，达到检查教学效果和提高排球技术战术运用能力的一种教学方法。

在教学中，合理地运用比赛教学法，可以锻炼和提高学生排球基本技战术的运用能力和应变能力，同时还能培养学生坚毅、果断、勇敢、顽强的意志品质和团结协作的集体主义观念。比赛教学法作为重要而有效的教学方法在排球课教学中已被广泛采用。

（二）学生的学练方法

学生的学练方法是指在排球教学过程中，在教师的指导下，学生按照一定的计划和要求，独立地进行自学、自练、自评的方法。

依据教学实践，学生常用的学练方法有以下3种。

1. 自学方法

自学方法是指学生学习排球的基本理论，领会动作要领，掌握技术环节的一种方法。它包括阅读法、观察法、比较法、讨论法等。

（1）阅读法是指学生通过阅读排球教材，来感知和理解排球技术原理的一种方法。

（2）观察法是指学生通过感官对即将学练的技术动作，进行有目的的感知，初步建立动作概念和表象的方法。

（3）比较法是指学生就同类的某一技术动作进行对照，然后进行分析综合的方法。

（4）讨论法是指学生依据教师提出的问题相互交流个人看法，相互启发，相互学习的方法。

2. 自练方法

自练方法是指学生以自身的独立活动为主，有目的地反复进行排球某一技术动作教学的一种方法。它包括模仿教学法、适应教学法、反馈教学法、强化教学法等。

（1）模仿教学法是指按照教师提供与演示的动作模式为样板来进行模仿，从而形成排球技术与技能的方法。

（2）适应教学法是指通过再现性的教学，使自身生理与心理等产生适应性变化，为更好地学习和掌握排球技术、战术和技能奠定最佳条件的方法。

（3）反馈教学法是指为了掌握排球某一技术与实际效果，不断获取反馈信息，加强自我诊断与自我矫正，不断改进和提高动作质量与效果的方法。

（4）强化教学法是指在反复多次教学的基础上，创设比较复杂多变的教学条件和外部环境，通过自我强化教学手段，来巩固排球技术、技能的方法。

3. 自评方法

自评方法是指学生个体在教学过程中，对自己学练的标准、质量与效果进行判断，进而采取控制与调节的一种方法。它包括目标评价法、动作评价法、负荷评价法、效果评价法等。

（1）目标评价法是指学生对自己的教学目标、自我监督意识、实施目标的意志与行为进行评价的方法。

（2）动作评价法是指学生在教学过程中，对自己掌握技术动作的质量和效果进行评价的方法。

（3）负荷评价法是指学生在教学过程中，依据人体生理机能和心理状态的变化，评价身心负荷的方法。

（4）效果评价法是指学生自身通过一定的检测手段（如测验、技评与达标等），对一学期或一学年的学练结果进行技术、技能、体能等评价的方法。

四、排球课的课型和结构

（一）排球课的课型

排球课的课型，即课的分类。排球课的课型主要是根据排球教学的任务，完成教学目标或依据课的教学内容及使用的主要教学方法来划分的。

根据排球专业课程教学的实际，一般把排球课划分为讲授课、实践课、复习课、讨论课、演示课、比赛课、考核课等7种形式。

1. 讲授课

讲授课是排球理论教学的主要授课形式，所以也叫排球理论课。讲授课要以教学计划、教学大纲、教材为依据，按照教学进度和教学任务的统一要求，合理安排授课时间和授课次数，精选教材的主要内容，讲授时要概念明确、条理清楚、重点突出，并贯彻启发式教学。

2. 实践课

实践课是指在场馆（室外操场，室内体育馆）进行身体教学，并传授排球技术、战术和技能的授课形式。排球实践课通过讲解、示范、挂图、电影、录像等手段和一定数量的各种教学，使学生掌握排球技术，提高技战术运用能力，了解易犯的错误动作及纠正方法，达到培养学生会做、教师会教的目的。

3. 复习课

复习课是指复习改进和提高已经学习过的教材内容的课。其主要任务是在教师的指导下，通过反复教学已学过的排球技战术，逐步提高技战术质量。同时也要相应地发展学生的全面身体素质。

4. 讨论课

讨论课是指对排球某一专题进行讨论，共同交流看法或进行分析、辩论，以达到加深理解，开拓思路，同时培养学生语言表达能力和发现问题、分析问题及解决问题的能力。

5. 演示课

演示课是指运用各种直观教具（挂图、模型、幻灯片、投影等），观摩优秀运动队（员）比赛、训练和示范的一种教学方法。该课还包括影视课以及采用录像、多媒体等教学手段对高难技术的演示。演示课具有强烈的真实性，能使学生加深对排球技术、战术教学内容的直观认识，提高学生形象思维的能力。

6. 比赛课

比赛课是指通过竞赛检查教学效果，提高排球技战术运用能力，交流教学经验的一种教学形式。排球比赛课可在规则允许下或在特定条件下进行，也可以进行各种传球、垫球技术和排球战术对抗能力的比赛。比赛课应根据教学计划、进度和不同的教学阶段来安排不同的比赛内容。

7. 考核课

考核课是指通过教学检查获得教学的各种反馈信息，为改进教学提供依据的一种教学形式。考核课分为考试和考查两种形式，内容包括排球理论知识、技术技评、技术达标及各种实际操作能力的考核等。通过考核，可达到督促学生学习的目的，也是对排球教学过程进行控制和评价的一种方法。

（二）排球课的结构

排球课的结构是指一节课的基本组成部分以及各组成部分之间的安排顺序、时间分配和相互关系。课堂结构决定课堂教学效果的优劣，能使教学过程发生质的变化。因此，在考虑排球课的结构时，不仅应遵循教学过程的一般规律，还应注意遵循人体生理机能活动变化的规律。

排球课的结构可分为准备部分、基本部分和结束部分。这三个部分都有各自的主要任务、内容和组织教法要求，但三者又是一个紧密联系的完整体系。

1. 准备部分

准备部分的任务是用较短的时间，将学生迅速地组织起来，通过一般性的各种走跑教学、各种徒手操教学，集中注意力教学、队列队形教学、游戏和专门性的活动教学，使身体各器官系统机能尽快进入工作状态，为基本部分的学习做好充分的准备。

准备部分的组织通常采用集体形式。时间安排为：在45分钟的课中，需要8～10分钟；在90分钟的课中，一般为15～20分钟。

2. 基本部分

基本部分的任务是学习或复习排球大纲和进度所规定的重点教材和一般教材，同时使学生的生理机能处于适宜的兴奋状态，保持人体工作能力处于最佳水平，学习改进和掌握排球基本知识、技术、战术，提高运动技能，发展身体素质，提高学生的体能，培养学生的实践操作能力。

基本部分的组织应根据排球教学目标、教材内容与性质、学生特点、场地器材设备条件采用相应的组织形式。时间安排为：在45分钟的课中，大约占30分钟；在90分钟的课中，一般占65～70分钟。

3. 结束部分

结束部分的主要任务是根据基本部分最后教学的性质、负荷大小，选择轻缓的舞蹈等进行身体和心理放松教学，使学生的机体逐渐恢复到相对安静状态，同时简要地进行课的讲评和小结，布置课外作业等。

结束部分的组织通常采用全班集体形式。结束部分时间约占5分钟。

五、排球教学的组织与实施

排球教学的组织与实施是指为了保证排球课的顺利进行，提高排球课的教学质量所采取的各种保证措施和手段。

排球教学的组织与实施主要包括课前准备工作、课的进行、课后总结工作。

排球教学的组织与实施，同排球课的类型、结构一样，都是为实现排球教学目标而服务的。为此，教学中要遵循教与学的规律和特点，教师要善于启发引导学生进行思考分析，总结经验，认识规律；学生要在教师的指导下充分发挥学习的积极性、自觉性、创造性。在教学和学习过程中突出学生的主体地位，同时肯定教师在教学过程中的主导作用，二者共同参与教学活动的全过程，达到高度的和谐与统一，这样才能不断地提高排球课教学质量，为国家培养合格的排球运动人才。

第二节 排球教学文件

排球教学文件是根据国家规定的排球课程教学指导纲要和教材，结合本校教学对象、任务、场地器材等实际情况制订的，是保证排球教学工作顺利进行必不可少的教学文件，也是教师进行教学工作的主要依据。

排球教学文件主要包括教学大纲、教学进度和课时计划（教案）三种。

一、排球教学大纲

排球教学大纲是国家按照教学计划，以纲要形式编写的有关教学目标、教学内容和教学要求的指导性文件，是教师进行排球教学的主要依据，也是衡量排球教学质量的重要标准。排球教学大纲一般包括下列内容：

1. 大纲说明

一般说明制定大纲的主要依据，教学的指导思想、教学内容的学时分配、以及课程目标、要求等。

2. 教学目的与任务

根据培养目标，结合排球运动教学的特点，明确提出本课程在理论、知识、技术、战术、规则能力培养和素质教育等方面的具体任务。

3. 教学内容

教学内容应包括理论、实践和能力培养三部分的内容。基本理论应包括排球运动概述、技术战术理论分析、中学排球教材教法、竞赛组织工作、规则与裁判法、场地设施与管理、课余训练与健身指导；实践部分的基本技术、战术教学内容要列出技战术名称，标明教材内容的层次关系，即普修内容与专修内容或重点内容与一般内容；基本能力的培养要提出具体内容，如运用教学原则、选择教学方法与手段、组织教学工作的能力；讲述排球技术、战术理论方法的能力；自学、自练、自评和创新能力；辅导课外活动、组织竞赛和裁判工作能力等。

4. 教学的基本要求

教师自身要加强职业道德修养和行为规范，努力提高业务素质，不断更新理论知识，联系排球课程教学实际，以身作则，教书育人，真正成为学生的楷模。在教学过程中，重视教学方法的改革与创新，注重运用多样化、现代化的教学手段，提倡教学相长，培养学生的自学、自练、自评能力和创新能力。

5. 成绩考核

成绩考核应包括考核的内容、方法、标准及技评与达标、理论与实践和能力考核的比重等。

6. 教学基本条件与教学措施

为了有效地保证教学的正常进行，必须配备必要的场地设备与器材。教学措施，主要是对完成教学大纲任务的组织措施和教法措施。

7. 教材与教学参考书目

为了提高教学质量，保证教学任务的顺利完成，对教师必备的书籍和参考用书应有明确要求，即使用与大纲内容有关的教材。此外，也要选择其他比较权威的排球专著，扩大知识面，丰富补充教材内容与教学方法。

二、排球教学进度

排球教学进度是根据排球教学大纲提出的目的任务、教学内容、教学课时数，由任课教师结合学生人数、场地器材等情况来制订的教学计划。简单地说，制订教学进度就是安排每一次课的教学内容。

排球普修课教学进度：

第一阶段

1 理论课：宣布大纲、排球运动概述
2 准备姿势、移动、正面垫球、侧面下手发球
3 助跑起跳、正面传球、垫球、侧面下手发球
4 改进传垫球技术、助跑起跳
5 网前二传、原地扣球手法

6 四号位扣球、侧垫、上手发球、网前二传

7 四号位扣球、传垫比赛

8 扣传球、接发球垫球

9 理论课：排球技术分析

10 接发球站位、接发球垫球、四号位扣球、前排队员之间的换位

11 "四二"配备、教学比赛

第二阶段

12 "中二三"进攻战术、背传

13 改进"中二三"进攻战术、背传、上手发球

14 理论课：排球战术分析

15 传半快球、扣半快球、上手发球、垫球

16 传扣半快球、单人拦网

17 单人拦网防守战术、"边二三"进攻战术

18 理论课：规则裁判法

19 接扣球垫球、双人拦网下的防守战术

第三阶段

20 录像：排球主要技、战术教法

21 "五一"配备、前后排队员之间的换位、教学比赛

22 改进"中、边二三"进攻战术、教学比赛、裁判实习

23 改进单双人拦网下的防守战术、教学比赛、裁判实习

24 班级教学比赛、裁判实习

25 复习

26 技术技能考试

27 理论考试

三、排球课教案

排球课教案是每次课的具体计划，是教师根据教学进度规定的教材内容，结合学生和场地器材的情况而编写的最直接、最具体的教学计划，故又称课时计划。

教师在编写教案时，首先，在课的任务和要求提法上，文字要简明扼要，具

有针对性。例如，在技术战术的教材方面，一般用"学习""初步掌握""复习""改进""提高"等；在机体和素质方面，可用"发展""增强""促进"等；在品德方面，可用"培养""加强""调动"等。其次，提出的任务要结合学生实际情况，任务要求既不能太高，又不能太低，尽可能做到使大多数学生经过自身的努力就能够完成任务。最后，教师在编写技术教学课教案的同时，还应认真准备好排球理论课的教案，使理论课与技术课相呼应，以便更好完成排球教学任务。从课的结构上分，大都把排球技术教学课的教案分为准备、基本、结束三个部分。以下为排球课教案示例（表 2-1）。

表 2-1 排球课教案示例

教材内容	一、复习垫球、传球技术　二、身体素质教学		
教学目标	一、改进排球垫球、传球技术，使大部分学生较熟练地掌握垫球技术和基本上掌握传球技术 二、通过纵跳摸高发展学生弹跳能力，为学习拦网、扣球打基础 三、培养学生自学、自练能力，团结互助、积极竞争和刻苦学习的精神		场地、器材

时间安排/分钟	课的内容	课的组织与实施	
		教师活动	学生活动
准备部分　8	一、课堂常规（略） 二、队列教学：分队走、并队走、扇形走	一、宣布本课内容及要求 二、口令，指挥队列教学	一、上课队形：四列横队 二、队列教学：要求注意力集中，动作整齐
基本部分　32	一、对垫、对传教学	一、讲解 1. 移动的重要性 2. 移动的步法：滑步、跨步 二、典型学生示范 三、个别指导	一、2 人一组一球对练 二、对垫 50 次×3　对传 50 次×3 三、移动垫、传球 四、要求：快速移动，动作正确
	二、配合教学	一、讲解 1. 配合教学的意义 2. 目的：发挥学生的专长 二、巡回指导	一、3 人一组一球，三角传垫球教学 二、要求： 1. 发挥个人技术专长 2. 加强互助、互评

续表

基本部分	32	三、垫、传球游戏	一、讲解游戏的内容，要求： 1. 以垫、传球技术为主 2. 根据本人技术情况可以自由发挥 二、帮助能力较差的组	一、游戏分组进行 二、要求： 1. 不用的球放在圈内 2. 精力集中，及时判断，快速移动，准确无误
		四、助跑摸高	一、讲解要求： 1. 由高到低 2. 根据自己的能力自愿选择不同的高度 二、随时激励学生克服困难	一、分不同的高度 二、要求： 1. 先单脚后双脚起跳 2. 逐渐增加高度
结束部分	5	一、放松舞（音乐伴奏） 二、课的小结	一、与学生同跳放松舞 二、总结本课学习情况 三、布置作业，收送器材	一、走成里外两个圆圈 二、要求：轻松、愉快、协调

第三节 排球技术教学方法

一、准备姿势与移动教学方法

（一）准备姿势与移动的教学顺序

准备姿势和移动是排球运动中各项技术的基础。在学习各种基本技术之前，首先要学习准备姿势和移动。

在准备姿势教学中，一般应首先教习稍蹲准备姿势，然后教习半蹲和低蹲准备姿势。学习准备姿势要与学习传球、垫球技术的徒手动作教学结合进行。

在移动教学中，首先教习并步、滑步、跨步、交叉步，然后教习跑步和综合步。移动步法的教学，必须与准备姿势和制动的教学紧密结合同步进行。

准备姿势与移动的教学，大都安排在课的准备部分，结合发展反应、灵敏、速度、协调等身体素质进行教学。

（二）准备姿势与移动的教学步骤

1. 讲解与示范

（1）讲解。首先讲解准备姿势与移动在排球比赛中的重要作用，再讲解动作要领，常出现的错误动作及运用时机，讲解动作顺序应自下而上，即从脚和膝部讲起，然后讲解躯干、上体、手臂和头部的姿势。

（2）示范。准备姿势的示范，既要做正面示范，也要做侧面示范；做移动的示范时，向前后移动做侧面示范，向左右移动做镜面示范。准备姿势与移动也可以边讲解边示范，学生边听边模仿做徒手动作。

2. 组织教学顺序

原地徒手模仿教学—徒手移动模仿教学—结合球的各种教学。

（三）准备姿势与移动的教学方法

1. 准备姿势的徒手教学方法

（1）学生试做准备姿势，教师巡回检查纠正动作。旨在建立初步概念，让学生体会完整动作。

（2）全班学生分成两排面对面站立，一排做动作，另一排纠正对方错误动作，两排学生互教互学。

（3）全班学生看教师信号做动作。教师手臂向前平举时，学生做半蹲准备姿势；教师手臂上举时，学生做稍蹲准备姿势；教师手臂向侧下方举时，学生做低蹲准备姿势。如此反复进行，教师随时纠正动作，也可以让一排学生做，另一排学生纠正其动作。

2. 移动的徒手教学方法

（1）学生徒手试做各种移动步法，让学生体会完整动作。

（2）全班学生由半蹲准备姿势开始，根据教师手势做各种步法的左右快速移动。要求防止身体重心起伏跳动，移动后保持好准备姿势。

（3）3~4人一组，站在端线后，先做原地快速小步跑，听到教师口令后，快速起动冲刺跑 6 米或跑过中线。

3. 结合球的教学方法

（1）两人一组，相距 2~3 米，做好准备姿势，一人向前、后、左、右抛球，另一人移动后把球接住再抛回，连续进行一定次数后两人交换。

（2）两人一组，相距 4~5 米，一人向前、后、左、右抛球，另一人移动对准球后用头将球顶回，规定完成若干次后互换。

（3）学生面向教师站立，教师将球抛到学生身前、身后或两侧，学生快速向前或转身改变方向移动去接球。

（四）准备姿势与移动教学应注意的问题

第一，提高对准备姿势与移动技术重要性的认识。发扬不怕苦、不怕累的精神，同时多结合短距离 2~3 米或游戏的形式进行教学，激发学生的学习兴趣。还要经常强调保持正确的准备姿势，促使学生养成良好的习惯。

第二，多做视觉信号反应教学，培养视觉的观察判断能力。同时要把准备姿势、反应起动和各种移动步法及制动技术结合起来进行教学。

第三，教学方法要多样化，避免枯燥。如采用对抗、竞赛、游戏等教学方式，激发学生的学习兴趣。多结合球和场地教学，增强学生对各种不同来球的判断、反应和移动能力。

第四，加强腿部、腰腹力量的教学训练，特别要加强髋关节和脚步灵活性的教学。如多做短距离 2~3 米的折回跑、变速跑和变向跑等。

二、发球技术教学方法

（一）发球技术的教学顺序

发球技术种类较多，技术动作难易程度差别较大，所以教学时应根据学生性别、年龄及身体素质等情况来确定教学的先后顺序。一般情况下，通常先教下手发球，后教正面上手发球，最后教飘球和大力发球等。

（二）发球技术的教学步骤

1. 讲解与示范

（1）讲解。首先讲解发球在比赛中的作用及教授的技术动作名称和技术特点，然后讲解发球的准备姿势与抛球方法及挥臂与击球的手法，最后提出下肢与腰腹协调配合用力的方法，反复强调抛球是发好球的前提，击球是关键，手法是保证。

（2）示范。在发球区先做侧面的发球完整动作示范，然后做正面、侧面的分解动作示范，使学生看清楚抛球的高度、挥臂路线、击球手法、击球部位、下肢配合动作和击球时重心前移等动作，加深学生对发球技术动作的直观感受。

2. 组织教学顺序

徒手模仿教学—抛球教学—击固定球教学—抛球与击球动作结合的教学—巩固和提高发球技术的教学—结合教学比赛的实战发球教学。

（三）发球技术的教学方法

1. 徒手模仿教学

（1）全班学生徒手模仿发球挥臂动作和抛球动作，让学员体会发球用力顺序和挥臂的轨迹，掌握正确的挥臂方向和速度。

（2）徒手做抛球挥臂击球动作教学。即做好准备姿势，左手前上置于击球点位置，右手做挥臂击球教学（击在左手掌上），让学员体会击球手法和击球部位，教学抛球、挥臂、击球动作的协调性。

2. 结合球的教学

（1）抛球教学。做抛球教学时，要求掌心向上平稳地托送球，教学正确的抛球手法，让学员体会抛球的位置和高度。

（2）固定目标的抛球教学。每人一球站在网或墙边，利用球网或墙壁的适当高度作为标记，教学抛球的准确性。

（3）做抛球、抬臂和引臂的配合教学。让学员体会抛球的位置、高度和振臂引臂的连贯动作。

3. 击固定球教学

（1）模仿发球挥臂动作击固定球教学。即一人双手持球置于腹前或头上，另一人做挥臂击球教学（不要将球击出），让学员体会击球部位和手法。

（2）击固定球或吊球教学。即可一手将球按在墙上，一手挥臂教学击固定球或将球吊在空中，教学挥臂击球，主要让学员体会挥臂动作、击球手法、击球点和击球部位。

（3）两人徒手对击教学。两人面对面站立，做好发球的准备姿势，同时做击球动作使手掌对击。让学员体会挥臂击球时手臂发力的肌肉用力感觉。

4. 抛击结合教学

（1）抛球与挥臂击球教学。结合抛球、引臂和挥臂击球的教学（不把球击出）。让学员体会抛球引臂和挥臂击球动作的协调配合。

（2）对墙或挡网做抛球与挥臂击球教学。让学员体会抛球与手臂挥摆的配合以及击球手法的用力。

（3）两人站在两条边线上对发教学。让学员体会挥臂路线与正确的击球部位，或两人隔网对发球教学，先9米左右，后逐渐拉长距离，至端线后发球，让学员体会控制球的力量与弧度。

5. 巩固和提高发球技术的教学

（1）巩固发球教学。三人一组，发球与接发球者相距12米左右，另一人站在接发球者右前方做二传，三人规定次数与组数交换。

（2）发球准确性教学。可将对方场区划分成左右或前后部分；或规定区域，进行点线（直线、斜线）结合的教学。

（3）发球攻击性教学。在准确性的基础上，降低发出球的弧度，加快发球速度，发力量重，飘度大，或向场地的"三角区"、1、5号边角处的发球教学。

（四）发球技术教学应注意的问题

第一，发球技术教学应遵循由易到难、由简到繁、循序渐进的原则，在教学顺序安排上通常是先教下手发球、再教上手发球、最后再教飘球、勾手大力发球及其他发球技术。

第二，在发球教学中，要抓住抛球动作与摆臂击球动作的协调配合，因为抛球是前提，击球是关键和难点。抓住抛球和击球这两个环节，强调抛球要平稳、挥臂动作迅速协调、击球准确。

第三，在发飘球教学中，教师应简单讲解球产生飘晃的原因和在动作上与发旋转球的区别，让学生能主动思考发飘球的动作方法，体会击球用力的方向、手法和击球的部位。

第四，在发球教学中，教师要合理安排教学与教学的时间，每次课应保持一定时间的发球教学。一般可安排在两个大运动量教学之间，或安排在课的后段进行。

第五，在发球教学中，由于发球教学的形式比较单调，教师要不断变化教学的方法，提出具体要求，并将发球与接发球结合起来进行教学。

三、垫球技术教学方法

（一）垫球技术的教学顺序

垫球技术种类多，运用广，因此教学中要根据学生具体情况和动作的结构、难度，先易后难地安排教学。一般教学顺序是，先教习原地正面双手垫球，再学习移动垫球和改变方向的垫球。在此基础上，再学习体侧垫球、跨步垫球、背向垫球、单手垫球和挡球，最后教习低姿垫球、侧倒垫球、滚翻垫球、前扑垫球、鱼跃垫球、脚背垫球以及其他部位的垫球技术。

在初步掌握正面垫球技术的基础上，可进行传、垫结合与串联的教学。在掌握移动垫球后，可进行接发球和接扣球的教学。

（二）垫球技术的教学步骤

1. 讲解与示范

（1）讲解。教师首先讲解垫球技术在排球比赛中的作用、技术特点和动作要领。重点讲解手型、垫击部位、击球点、手臂角度及身体上下肢的协调用力动作。

（2）示范。教师先做垫球的完整动作示范，让学生建立垫球技术的完整动作概念。然后进行分解示范，也可以边讲解边示范，让学生加深印象。做侧面示范时，要让学生看清两臂向前插臂、蹬地、提肩、顶肘、压腕的身体协调动作；做正面示范时，要让学生看清手型、垫击部位平面、两手夹臂的动作。正面与侧面示范要结合运用。

2. 组织教学顺序

徒手试做—击固定球教学—垫抛球教学—移动垫球教学—接发球教学—接扣球教学—结合教学比赛及各种串联教学。

（三）垫球技术的教学方法

1. 徒手模仿教学

（1）两手叠掌或抱拳互握的垫球手型教学。要求前臂夹紧并伸直，形成垫击平面，教师应及时检查。

（2）结合半蹲准备姿势的原地集体徒手模仿垫球教学。要求先慢后快、重心低、动作协调，教师应及时检查与纠正错误动作。

（3）原地与移动的徒手垫球动作教学。听教师口令做原地垫球徒手动作；看教师手势做前、后、左、右的并步、交叉步、跨步的移动垫球动作教学。要求动作正确、协调、连贯。

2. 结合球的教学

（1）击固定球教学。两人一组，一人双手持球于腹前，另一人做垫击动作。重点让学员体会正确的击球点、手型及手臂用力时的肌肉感觉。

（2）垫抛球教学。两人或三人一组，相距4米，一抛一垫或一抛二垫。要求先教会学生用双手下手抛球，抛出的球弧度适宜，不太旋转，落点准确。垫球者先将球垫高垫稳，然后要求其垫准到位。

（3）对墙垫球教学。学生每人一球，距墙2米处连续对墙自垫。要求垫击手型、垫击点和垫击部位正确，用力协调，控制球能力强。

3. 结合移动的垫球教学

（1）移动自垫球教学。每人一球，向左、向右、向前、向后移动垫球。要求学生在移动垫球时低重心移动正面垫球。

（2）两人或三人一组，一人抛球，另一人或两人轮流向左、右、前、后移动垫球。要求移动速度不宜太快，垫出的球要稍高，并控制好落点。垫球者尽量做到正对垫球方向垫球。

（3）三人一组跑动垫球或四人一组三角移动垫球。要求垫球者尽量移动到位，对正来球，把球准确垫到位。

4. 结合接发球的垫球教学

（1）两人一组，相距7~8米，先一掷一垫教学，再过渡到一人下手发球或上手发球，一人接发球。要求接至假设的二传位置上。

（2）两人一组，相距9米，一发一垫，或三人一组，一发两人轮流接发球。要求开始发球要稳，然后逐步拉长发球的距离，增加发球的难度。

（3）三人隔网或不隔网，一发一垫一传教学。要求发球准、接发球者积极移动取位，把球垫到传球队员的位置上，传球队员再将球传给发球人。

5. 结合接扣球、吊球的垫球教学

（1）两人一组，一扣一防教学。要求接扣球者做好防守准备姿势，开始教学时扣球要稳，随着防守者逐步适应，可逐步增大扣球的难度。

（2）三人一组，一扣一防一传教学。要求扣球队员扣、吊结合，防守队员相互配合，互相呼应，互相保护。

（3）轮流连续接扣球教学。由教师在网前扣球或在高台上隔网扣球。要求接扣球者轮流连续接扣球。

（四）垫球技术教学应注意的问题

第一，垫球教学应先在简单条件下进行教学，如原地徒手教学以及击固定球的教学，原地垫击一般弧度和落点比较固定的轻球，再进行移动垫球教学。在学生垫球动作基本正确，能初步控制垫球的方向和落点后，再逐步加大教学的难度。

第二，发球、接发球是两个相互联系的对立面，因此在教学与教学中应使两者紧密结合，互相促进，不断提高。接发球又是组织进攻的基础，应抓住控制球能力这个重点和难点反复教学，提高手臂对球的控制能力。

第三，在接扣球技术教学中，应强调做好防守的判断，准备姿势，加强起动和移动步法的教学。要教会学生观察和判断来球的方法，提高起动速度和移动取位的能力，防止只重视手法不重视步法的倾向。

第四,随着垫球技术的不断熟练,要尽量结合攻防战术进行教学。如在防守教学中,垫球与拦网、保护、调整传球和反攻扣球等技术串连起来进行教学,这样既能提高技术的运用能力,又能培养战术意识和同伴间的默契配合。

四、传球技术教学方法

(一) 传球技术的教学顺序

传球技术动作方法较多,动作细腻,在教学安排中应作为主要内容,重点学习和掌握。传球的教学顺序是,先教一般正面双手传球,然后依次教移动传球、转方向传球、背传球、跳传球、调整传球、传快球和平拉开传球等。教学时,先教习原地传球,再学习顺网二传球和移动中的传球,最后教习各种战术传球。

(二) 传球技术的教学步骤

1. 讲解与示范

(1) 讲解。教师首先讲解传球技术在比赛中的作用,然后讲解传球技术的特点和动作要领。讲解内容的先后顺序一般是:脚的站法,下肢姿势,身体动作,手型、击球点,触球的部位,迎击球的动作及用力方法等。

(2) 示范。教师先做完整传球动作的示范,然后再做分解示范,也可边讲解边示范,或重点示范传球的关键技术环节,也可结合正面示范、侧面示范进行教学。

2. 组织教学顺序

原地模仿教学—原地传球教学—移动传球教学—转方向传球教学—背传教学—调整传球教学—跳传教学。

(三) 传球技术的教学方法

1. 徒手模仿教学

(1) 原地模仿教学。徒手做传球准备姿势,听教师口令依次做蹬地、展体、伸臂击球动作教学。重点让学生体会传球前的准备姿势、身体协调用力的动作和传球的手型。

（2）原地传球模仿教学。重点让学生体会触球手型、击球点位置和身体协调配合动作及传球用力的全过程。

（3）两人一组，一人做好传球的手型，持球于脸前上方，另一人用手扶住球，持球者以传球动作向前上方伸展，让学生体会身体和手臂的协调用力。要求另一人纠正持球者的手型及身体动作。

2. 原地传球教学

（1）每人一球，自己向额前上方抛球；做好传球手型在击球点位置将下落的球接住，然后自我检查手型。

（2）原地自传球教学。要求把球传向头上正上方，传球高度离手 1～1.5 米。连续传 30 次为一组。

（3）对墙自传球教学。要求距离墙 50 厘米左右连续对墙自传球，让学生体会正确的手型和手指、手腕用力的肌肉感觉。

3. 移动传球教学

（1）每人一球行进间自传球教学。要求传球手型正确，移动迅速，保持正面传球。

（2）每人一球向左、右、前、后移动传球教学。要求自传一次高球，再传一次低球，提高控制球的能力。

（3）两人一组，一抛一传球教学。要求抛球者向左、右、前、后抛球，传球者根据来球快速移动传球。

4. 背传球教学

（1）每人一球，自抛背传球教学。要求将球抛到头上，两手腕后仰，掌心向上，依靠蹬腿、展体、抬臂、伸肘动作把球传向后上方。

（2）三人一组，背传球教学。三人各相距 3 米左右，两边人抛球或传球，中间人背传球。要求同上。

5. 调整传球教学

两人一组相距 6 米在网前，用调整传球动作传高弧度球教学：要求利用蹬腿、伸臂动作传球。

6. 跳传球教学

（1）每人一球，对墙连续跳传球教学。要求掌握好起跳时机，在空中保持好身体平衡，靠快速伸臂动作将球传出。

（2）两人一组，连续面对跳传教学。要求同上。

（四）传球技术教学应注意的问题

第一，传球采用完整教学法，首先建立传球技术动作的完整概念。

第二，教学中尽量采用触球次数多的教学，并在初学阶段就结合近距离移动的传球，以利于形成正确的击球点和手型，为学生进一步学习难度较大的传球打下良好的基础。

第三，教学时自始至终要强调正确手型、正确的击球点和协调用力三个环节。同时还要注意指出典型易犯的错误动作，以便学生在学习过程中进行正误对比。

第四，从心理方面讲，初学者一般怕戳手，怕弧度高、力量大和速度快的来球。因此，要从解决手型入手，从易到难，循序渐进。多传近距离、低弧度和速度慢的球，避免学生手指局部负担过重，减轻学生心理压力。

五、扣球技术的教学方法

（一）扣球技术的教学顺序

学生在初步掌握垫球、传球及正面上手发球之后，再学习扣球技术。正面扣球技术是其他扣球技术的基础，教学中应首先教习。在此基础上，再学习其他扣球技术和战术扣球。扣球技术比较复杂，初学时较难掌握，所以在教学时宜采用分解教学法，将助跑、起跳和扣球挥臂环节分别进行学习，待学生掌握后，再用完整教学法教授扣球的完整动作。

扣球教学应先教习4号位扣一般高球，然后教习2号位扣一般高球，在此基础上，再根据学生水平学习3号位扣半快球、快球、短平快球、背快球和调整扣球技术等。

（二）扣球技术的教学步骤

1. 讲解与示范

（1）讲解。教师首先讲解扣球技术在排球比赛中的作用、技术方法与动作要领。在初步掌握技术动作后，再进一步讲解助跑节奏、时机、起跳点的选择、击球点及手掌包满时的鞭甩动作等。

（2）示范。教师首先做完整扣球技术的示范，让学生建立完整、直观的动作概念。然后做分解示范（可徒手，也可以结合球），关键环节放慢示范速度，必要时也可边讲解边示范，重点突出动作要领和关键。教师示范扣球时，力量要适当，动作要轻松、效果好。要引导学生观察技术动作的结构、挥臂动作的发力、击球的手法及球飞行的路线、弧度与旋转等。

2. 组织教学顺序

助跑起跳教学—挥臂击球教学—原地自抛自扣教学—助跑起跳扣抛球教学—完整扣传球教学。

（三）扣球技术的教学方法

1. 助跑起跳教学

（1）原地双脚起跳教学。全班同学听教师口令教学原地起跳技术。要求双脚蹬地力松快速，两手臂配合划弧摆动起跳，顺势扣球手臂上举，后引、抬头、展腹、身体成反弓形，落地时双脚前脚掌过渡到全脚着地，屈膝缓冲。

（2）一步或两步助跑起跳教学。集体听教师口令做一步或两步助跑起跳。要求教学速度由慢到快，手脚配合协调，注意控制身体平衡。

（3）学生分别站在进攻线后，听教师口令向网前做两步助跑起跳，在此基础上再学习多步助跑、变方向助跑和跑动起跳。要求学生注意助跑起跳的节奏和起跳点位置的选择。

2. 扣球挥臂动作的击球手法教学

（1）徒手模仿扣球挥臂教学。按规定的队形听教师口令做挥臂。要求挥臂放松自然，弧形挥动，有鞭甩动作。

（2）扣固定球教学。扣吊球；或两人一组，一人双手持球高举，另一人原地扣固定球；或自己左手举球，右手做挥臂击球教学。要求击球时全手掌包满球，做快速鞭打动作。

（3）自抛自扣教学。每人一球，距墙 5 米左右先抛一次扣一次，然后连续对墙扣反弹球，或两人面对相距 6~7 米对扣，也可在低网上自抛自扣等。要求击球力量不宜过大，动作放松，手腕有推压鞭甩动作，使击出的球成上旋飞行。

（4）扣抛球教学。两人或多人一组，一人站在距墙 5 米处抛球，另一人或多人依次对墙扣抛球。在低网前的一抛一扣教学，或在低网前轮流扣教师的抛球教学。要求抛球距离由近到远，弧度由低到高，扣球者选好起跳点，保持好击球点，挥臂击球手法要正确。

3. 完整扣球教学

（1）4 号位扣球教学。扣球者每人一球，先将球传给 3 号位，再由 3 号位把球顺网抛或传给 4 号位，扣球者上步助跑起跳扣球。要求掌握好上步起跳时机，在空中保持好人与球网的位置关系。

（2）结合一传的扣球教学。接对方发的轻球，垫给 3 号位二传，然后二传把球传向 4 号位，由 4 号位队员助跑起跳扣球。要求以中等力量扣球，注意正确的挥臂击球手法，选好击球点，防止触网或过中线犯规。

（3）个人跑动扣球或结合"中、边二三"进攻战术的扣球教学。要求由 4 号位跑到 3 号位或 2 号位扣球，或由 3 号位跑到 4 号位或 2 号位扣球等，主要培养扣球者在不同位置的扣球能力、场上应变能力和集体战术配合能力。

（四）扣球技术教学应注意的问题

第一，扣球技术是学生最感兴趣的技术，学习的积极性都比较高，但学生的注意力往往会集中在扣球效果上，而忽视对正确扣球技术动作的掌握，在教学中应注意引导学生掌握正确的扣球技术动作，为其他扣球技术的学习打好基础。

第二，扣球教学中，应重点抓好助跑起跳和正确的击球手法教学，解决好人与球的位置关系。初学时，应加强分解动作教学，并适时地与完整动作教学相结合。对于扣球技术的重要环节，必须进行反复、系统地强化教学。

第三，在教学课中，扣球教学的安排，尤其是上网扣球，最好安排在传、垫球技术教学之后。因为在扣球教学时学生的积极性高，如安排在课的前段对其他技术的学习有影响。

第四，初学者上网扣球时，应由教师或技术水平较好的学生担任二传，以便使初学者掌握助跑起跳的时间和起跳点，尽快正确掌握扣球技术。

第五，为了教学方便，对扣球教学的总体要求是先徒手扣，后用球扣；先抛扣，后传扣；先轻扣，后重扣；先中远网，后近网；先扣高球，后扣快球。

六、拦网技术的教学方法

（一）拦网技术的教学顺序

拦网技术教学，应在学生初步掌握正确扣球技术之后进行。教学顺序应是：先教单人拦网，然后再教双人和三人的集体拦网。拦网教学的重点是教单人拦网。

拦网教学应采用分解与完整相结合的教法，先教习拦网的手型和伸臂动作，再学习原地起跳和移动起跳的拦网动作，最后再掌握完整的拦网技术。拦网移动步法应先教习并步法，再学习交叉步和跑步法。

（二）拦网技术的教学步骤

1. 讲解与示范

（1）讲解。教师首先讲解拦网技术在排球比赛中的重要作用，再讲解单人拦网技术的动作方法和要领，包括拦网手型、助跑、起跳、空中拦击、落地等，最后重点讲解拦网的判断和起跳时机。

（2）示范。拦网示范应采用完整与分解相结合，徒手与拦球相结合，正面、侧面与背面示范相结合进行教学。采用完整示范是让学生建立完整的拦网技术概念。正面示范是让学生观察拦网手型、手臂间距及起跳动作；侧面示范是让学生观察拦网的身体完整动作以及手臂与网的距离；背面示范是让学生观察拦网的判断、移动、起跳时机及网上封堵的区域和线路等。

2. 组织教学顺序

拦网手型教学—移动起跳教学—结合球的完整拦网技术教学。

（三）拦网技术的教学方法

1. 拦网手型教学

（1）徒手模仿教学。原地徒手教学拦网手型。要求两脚平行站立，两臂上举伸直，两手间距约 20 厘米，十指自然张开。

（2）原地扣拦教学。两人一组，面对面相距 1 米左右站立，一人预先做好拦网手型，一人对准拦网者双手自抛自扣。要求扣球者准确地把球扣在拦网者的双手上，让学员体会拦网手型和拦网时的肌肉感觉。

（3）原地结合低网一扣一拦教学。两人一组，隔网站立，一人扣球，另一人拦网。要求扣球者把球扣在拦网者双手上，拦网者要根据扣球者的抛球情况，及时伸臂拦网，让学员体会触球时的提肩压腕动作。

2. 移动起跳拦网教学

（1）网前原地起跳拦网教学。学生集体听教师口令在网前做原地起跳拦网。要求起跳后保持好身体平衡，既要有伸臂过网的拦网动作，又不能触网或过中线犯规。

（2）网前左右移动一步起跳拦网教学。教师站在网前高台上持球于网上空，学生依次在网前左右移动一步起跳拦网。要求学生随教师举球位置的变化而左右移动，移动制动与起跳动作要连贯。

（3）隔网盯人移动拦网教学。两人一组，隔网相对，其中一人主动向左右移动起跳拦网，另一人盯住对方，并及时移动起跳在网上与对方双手击掌。要求平行于网移动，防止触网，移动由慢到快，保持好人与网的合理位置关系。

3. 结合球的拦网教学

（1）一抛一拦教学。两人一组，隔网站立，一人向网口上沿抛球，另一人起跳将球拦回。要求拦网者让学员体会起跳时间和拦网动作。

（2）拦固定线路的扣球。教师或指定学生在高台上扣球，固定扣直线或扣斜线球，让学生依次轮流助跑起跳拦网。要求学生区别拦直线球和拦斜线球在取位和拦网手型上的异同。

（3）拦对方4号位或2号位的扣球教学。学生在本方2号位或4号位拦对方的扣球。要求拦网者及时判断对方扣球者的助跑线路，选好起跳点和起跳时机，拦堵对方的主要扣球线路。

4. 集体拦网教学

（1）双人原地起跳配合拦网教学。要求两人4只手臂上举伸直，间隔距离保持适当，以中间不漏球为宜。

（2）双人移动配合拦网教学。两人一组，同时移动到3号位起跳配合双人拦网一次，然后分别向两侧移动，与2、4号位队员双人再配合拦网一次。要求配合队员主动与2、4号位主拦网队员配合，防止碰撞。

（3）结合各种进攻扣球的双人拦网教学。3号位队员单人拦对方快球进攻一次，立即向2号位或4号位移动与2、4号位队员组成双人拦网拦对方的强攻扣球。要求掌握好拦快球与拦高球强攻的起跳时间及不同的手型变化。

（四）拦网技术教学应注意的问题

第一，在拦网的教学中，应以学习单人拦网技术为主，个人与集体的拦网战术为辅。当学生初步掌握了拦网技术后，应该增加结合扣球和防守反击的教学，使拦网、保护、防守及反攻扣球等技术互相串联和衔接。

第二，在教学中，必须抓好拦网的移动、起跳、伸臂、手型、拦击动作等环节的教学。在改进和提高阶段则应重视判断能力，突然起跳的能力，空中身体转动、倾斜的控制能力，拦网手法等基本功的教学。这样才能提高拦网的实战效果。

第三，拦网教学不能安排过早或过于集中。过早安排拦网学习，不符合排球技术教学的规律，过于集中学习拦网，不利于提高拦网的能力，甚至会影响学生学习的积极性。所以拦网教学应安排在正面扣球和垫球防守以及简单的进攻战术之后进行，每节课单一的教学拦网的时间也不宜过长。

第四，在拦网教学中，要逐渐提高难度，一般先教单人拦网，后教双人配合拦网，其次学拦固定路线的扣球，再学拦变化路线的扣球；先教拦近网扣球，再学拦远网扣球和各种快攻扣球，同时要强调拦网后的落地动作，避免运动损伤。

第四节　排球教材教法设计分析

一、排球项目的特点（主要区别于篮球、足球）决定了排球教材教法学习特点

排球运动是主要以手击空中球为主，正式比赛是两队隔网进行对抗，最终目的是将球打在对方场地内，也可以几个人互相击球进行游戏以达到健身目的的运动项目。排球运动可以培养人们勇敢顽强、机智果断、集体协作等优良品质。

（1）规则与比赛特征决定了排球项目特点。比赛有空间的限制，必须进行集体配合完成一系列技术与战术，最终目的是不让球落入本方场地内。

（2）运动特征决定了排球项目特点。隔网对抗，需要集体配合完成一系列技术与战术。手击空中球是基本活动方式，因此需要掌握准确的时间与空间感觉。

（3）身体健康作用特征决定了排球项目特点。主要发展弹跳能力、身体协调能力、灵敏等素质。

二、排球教材教法介绍

（一）传统的教学方法内容介绍

目前，学校体育教学过程中的各种教学方法（教的方法、学的方法）很大程度上是对教育方法和运动训练方法的借用或仿袭。这些方法可以称为传统的教学方法，其主要形式是学生学习任何的动作技能都是从易到难、从简到繁，由分解到组合、由局部到整体。对教学方法的设计，主要从教师角度出发考虑，重视教师的教法，而忽视学生的学法。

排球传统的教学方法一般由四个环节组成，即讲解、示范、组织练习和纠正错误。根据排球项目特点及其教学目的，教学方法通常按照以下三个步骤有序进行：

一是建立正确的技术动作概念，包括讲解、示范、试做。

二是形成正确的技术动作定型，包括：（1）在简单条件下练习与掌握正确

规范动作；（2）掌握组合技术，巩固技术动作；（3）掌握动作，提高应变能力。

三是在攻守对抗条件下提高运用技术的能力，包括：（1）在规定的攻守条件下进行练习；（2）在对抗与比赛条件下进行练习。

（二）非传统的教学方法内容介绍

对传统的教学方法进行考察后，可以认为至少存在两个问题：

其一，学校的体育教学不是运动训练，因此在时间少、器材少、运动能力低下的情况下，按部就班，逐渐提高技术的组织教学方法，成为学生学习过程的主要学习障碍。往往表现为一个动作还未展开学习，课时已经结束了。

其二，传统的教学方法忽视了学生的情感体验。学生在学习的过程中，按照竞技体育训练模式的教法要求来学习，竞技模式的规律统治了学校学习的规律，教学未能考虑学生学习的主体地位，学习过程中学生缺乏参与积极性，影响了学习效果。

针对这些问题，如何尽快地教会学生打球，使学生在掌握技术的同时具有一定的战术意识，这是学校排球教学课的一个重要任务。

1. 关于习得排球运动技能过程实验研究与成果介绍（天津体育学院王健博士的博士论文研究成果介绍）

研究主要内容——运用实验法和数理统计法对14～16岁女生习得排球运动技能过程进行实验研究，探讨4种不同教学方法组合（ＡⅠ型：分解—完整；ＡⅡ型:分解—分解—完整；ＢⅠ型：完整—分解—完整；ＢⅡ型：完整—完整）对学生学习效果的影响。结果表明，排球项目的教学过程应主要采用ＢⅠ型教法组合。ＡⅠ型和ＡⅡ型对学生掌握排球基本技术有一定的促进作用，但在培养实战能力和战术意识方面的教学效果不如ＢⅠ型明显。尽管ＢⅡ型对培养学生的实战能力和战术意识有帮助，但对学生掌握排球基本技术的教学效果不如ＢⅠ型、ＡⅠ型和ＡⅡ型明显。

分解法把单个复杂的技术动作合理地分成几个部分，逐个进行教学，最后过渡到完整动作练习。完整法是对单个的技术动作不分阶段，一次性完成练习的教学方法。一般用于技术动作简单或技术结构严谨、难以分解的技术动作的教学。

分解教学法与完整教学法可以根据动作技术结构的难易程度和学生的基础灵活运用。

研究结论：实验研究的设计思路和统计结果为改革以竞技为主的传统教学方法，提供了一条新路径；同时也对教会学生打球，使学生掌握技术的同时具有一定的战术意识，无疑具有一定的现实指导意义。本研究所运用的研究方法，能为今后全面深入地探究球类项目技战术教学过程提供一定的借鉴和帮助，使体育教师教学过程的组织与实施更具科学性和针对性，并对初中女生掌握开放性运动技能的质量具有一定的实效。初中体育与健康课程中的球类项目的教学过程应主要采用ＢⅠ型"完整—分解—完整"的教学方法组合，这对初中女生掌握开放性运动技能实际教学来说是合理有效的、较理想的，同时也对教会学生打球，掌握排球基本技术能力及其战术意识都具有重要的促进作用。

王健博士的研究结果对我们的教学启示：

（1）尊重学生的主体地位，重视学生的认知学习。运用和实施教学方法时，教师要重视学生体育学习心理活动变化，并注意从体育学习的情感体验入手，充分考虑学生的学习动机，让学生在自主的学习过程中掌握学习方法。因此，体育教学方法的选择与运用不能停留在技能传授、模仿或进行被动而不知其所以然的技能训练上。

（2）体育教学方法要有利于"全"的落实。在体育教学方法的设计和运用上，应注意调动学生体育学习的积极性、主动性，让学生在心理上、情感上获得成功学习和运动乐趣的体验，增强学生体育学习的自信心，使"全体性"落到实处，确保每一个学生体育学习积极性的提高和身心健康的充分发展。

（3）体育教法的运用应注重整体性效应。现在的体育教学比较注重讲解、示范、练习的表面形式和外在的技巧，而对实际意义上的教学效果重视不够，对教学方法的整体性效应注意不够。因此，体育教学方法的改善或改革应注重整体性效应的发挥，体育教学方法的设计和运用应利于教学目标的达成和相应的教材特点与教学模块协调。

（4）从分解法与完整法有机结合、教法和学法有机结合、多种教学方法的综合运用等方面来考虑教学方法有机整合，从而谋求教学的整体效益。

（5）注重学生身心健康，加强训练方法的教学化改造。由于体育教学与运动训练在目标、对象水平、时间、物质条件和组织形式等方面存在质的区别，体育教学方法与运动训练方法也存在着较大的差异，因此，运动训练方法不宜直接运用于体育教学中，而应进行运动训练方法的教学化改革，更好地为促进学生的身心健康发展服务。

2. 简化比赛规则和运动要求的排球教学方法——即把排球运动教材化的教学方法

学校将排球运动项目作为学校的主要体育教学内容之一，是由排球运动的大众化、趣味性等特点决定的。学生在身体发育阶段，随着生理、心理的发展，对于排球运动项目的学习表现出了极大兴趣。教师的教学方法、教学内容的选择对学生排球运动兴趣的培养、运动技术的提高、排球运动练习的延续都有着直接的影响。学校排球教学内容的设置应当充分考虑这些因素，从排球运动的各类基本技术和战术中选择一部分适合学校阶段的教学内容，教师根据教学目标对排球教学内容进行选择、适应性改造、组合。例如，改变比赛的组织形式，把内容多样化的亚竞技运动类项目作为教学的主要手段和方法，即以游戏、非正规和半正规为组织教学的出发点。这些方法符合学生年龄特点，亚竞技运动最主要的形式就是比赛采用非正规比赛规则，如改变比赛人数、比赛场地、比赛方法等多种形式来达到锻炼身体、愉悦身心的目的。在排球课程的教学方法运用中，我们称为排球运动教材化的教学方法。

排球运动教材化的教学方法的现实意义：

（1）在排球教学中提高教师的创新能力和主体精神。通过中学排球运动教材化的构建，能彻底改变一个纲、一刀切的统一化局面，教师能依据课程标准自主选择排球教学内容，并对教学内容进行选择、改造、组合，确定所教班级的学年排球教学目标和内容。教师转变了单纯的执行者的角色，成为课程改革方案的设计者，极大地调动了教师的积极性、创造性和主体精神。

（2）通过对排球教学内容的改造，适应学生技能发展水平，提高学生学习排球的兴趣。排球教学中教师角色地位的变化，将极大地促进排球教学内容的改造。教师在对教学内容进行选择、改造、组合的过程中，必然将充分考虑学生的生理、心理发展阶段，技能发展水平等，一切的教材构建将围绕学生这个主体进行，通过各种模式的练习方法，提高学生学习排球的兴趣，融洽课堂教学气氛，提高排球教学质量，提升学生的心理发展水平和社会适应能力。

（3）丰富教材内容，实现排球教学内容的多样化与课程模式的多元化，进一步提高排球教学的针对性。排球教学中贯穿三级管理模式理念，主要目的是通过对教师的解放，创造出丰富多彩的教学内容、手段，实现排球教学内容的多样化与课程模式的多元化。排球教学内容的多样化在于让学生在各种不同的练习方法中掌握排球的技术、战术，达到教学目标的要求；课程模式的多元化是要求排球课程的开设不能局限于某一种模式，要让教师的教和学生的学融合起来，让学生在教中学，在学中想，在想中创，对提高学生的各种能力有着重大的积极作用。

（4）通过排球技能学习和情景化教学的组合，促进课程目标的全面实施。排球技能的学习和竞技运动的开发，排球教学适应性的改造和情景化教学的倡导，是排球教材构建的最主要方面，为排球教学内容、手段的改造提供新的思路，并对其他项目的教学研究提供借鉴，促进课程目标的全面实施。

方法 1　多次击球的排球比赛

比赛要求：击球者可以用各种动作击球，只要不把球接住，无论击球几次过网均可。

这种比赛方法简化了排球击球方法，让学生在初学排球技术时就能体验排球的集体感。

方法 2　降低球网高度的扣球练习方法

比赛要求：采用降低球网高度的方法，让学生依次跳起练习扣球的练习方法。

扣球游戏练习方法极大地降低了排球扣球技术练习难度，让学生体会扣球的愉悦心情，激发学生的学习兴趣。

3. 排球尝试教学法

尝试教学法理论的实质是让学生在尝试中学习，在尝试中成功。它改革了传统的教学模式，改变了原先由教师讲解，学生再做练习的单一模式教学方法。先由教师提出问题，学生在既有知识的基础上，自学课本，互相讨论，依靠自己的努力，通过尝试练习去初步解决问题，最后老师根据学生在尝试练习中遇到的难点与教材的重点，有针对性地点拨、析疑。

尝试教学法有利于培养中学生的探索精神和自学能力以及尝试精神和尝试能力。"尝试教学法"的基本理念是建立在学生敢于探索、敢于尝试的精神基础上的。在中学生的成长过程中，对于不懂的事物、不会做的工作都能有"让我试一试"的精神，这种敢于尝试的探索精神是极其可贵的。尝试教学法改变了过去依赖教师全盘授予和被动灌输的局面，真正做到学生主动尝试、主动参与，从而培养他们的自主意识和创新意识，培养他们的自觉锻炼的能力，有利于培养社会主义新人的现代化素质。

尝试教学法可以促进排球教学质量的提高，增强学生的体质。也就是说在"尝试教学法"教学过程中，学生的主动性、积极性可以得到充分的发挥。在学习过程中，激发学习的欲望，提高了教学质量，从而增强了学习的效果。

尝试教学法符合学生心理发展特点，充分发挥了教师的主导作用和学生的主体作用，有助于活跃课堂气氛，增强师生之间、同学之间的友谊。运用尝试教学法进行排球教学，有利于满足学生的心理需要。

尝试教学法的教学适合不同层次的学生掌握技术，更有利于中差生的提高。心理学实验表明，中差生也具有自尊心、好奇心、好胜心，他们也喜欢挑战，他们对烦琐的讲解也会感到厌烦。学会看书，学会思考，学会学习，这正是中差生最缺乏的素质。"尝试教学法"要求先让学生尝试练习，及早发现困难在哪里，然后听老师讲解，这样，他们既学会了学习，也学会了思考，成绩自然也就提高了。

例如，学习扣球技术，介绍基本击球动作方法后，可以让学生自己在实践中去练习，体会扣球的动作与练习的乐趣。教师在学习的不同阶段，在学生学习的尝试后只是进行有针对性地点拨、析疑，从而达到教与学的目的。

尝试教学法教学要点：

（1）对教材的选择应当符合尝试教学法的要求。注意选择能足够引起学生学习兴趣的项目，如扣球、比赛等。

（2）安排好教学的阶段，在阶段的适当时候，教师介入进行点拨与析疑，时机是学习效果的关键。

（3）尝试教学法对教师的要求更高，教师要对排球教材更加熟悉才能在教学过程中达到好的教学效果。

三、排球教法组织特点

（一）排球教法组织特点

1. 单个技术与几个技术（串联技术）的练习交替进行

在排球教学中，由于项目特点，使得教学过程中必须经常采用几个技术（串联技术）的练习来提高学生的学习兴趣与学习效果，例如，排球的传扣球等。

2. 排球教材教法的游戏特征

由于项目特点，排球项目在教学中大量运用游戏的方法，在游戏中学习技术与战术，在游戏中学习锻炼身体的方法，在游戏中培养学习的兴趣和提高球类项目的水平。例如，在准备活动中结合身体练习与技术学习合理安排游戏内容等。

3. 技战术运用、比赛等练习有相应的规则

规则的要求使得学生在学习过程中能够培养规则的概念、公平竞争的观念。

排球运动是奥运会项目，技术与战术的动作规范与要求比较严格，规范动作的学习有相应的规则要求，在比赛的过程中也有相应的规则规定。在教学方法的运用过程中，教师可以应用这些规则与规定，也可以简化与改造规则，使教学过程朝着完成教学目标的方向进行。

4. 比赛的方法是排球课程主要练习方法之一

排球项目教学过程中一个显著的特征是，在教学过程中必须结合比赛的练习方法来提高学生的学习兴趣与学习效果，培养球类意识。教学方法的改革使我们认识到，比赛在学习的前面阶段进行，同样可以取得理想的教学效果。

5. 技战术运用过程中的对抗性与集体配合协作特征

对抗性是球类项目技术学习与战术学习的共同特点，在对抗中，学生可以学习公平竞争的方法与规则、技术与战术的运用，特别是在对抗中，学生可以学习集体配合协作的方法，体会排球项目特有的方法与特征——集体性。

（二）影响排球教材组织的因素

在排球教材组织过程中，由于排球运动的教材特点，形成了排球教材组织既有不易组织的不利因素，也有便于师生交流的有利因素共存的局面。

不利因素：击球易乱滚，场面控制难，技术的细腻要求使学生学习兴趣下降；手触球的感觉，从排球成为软式排球解决了手疼痛的问题，但是，由于没有一定的技术，击球感觉依然不好，成为学习的障碍。

有利因素：可以围在一起打球成为排球学习的优势，教师可以和学生进行有效的交流；可以改变比赛的方法，使更多的同学参与，如击球不限次数等，学生在教师的带动下，学习兴致比较高昂等。

四、学校排球教材重点分析与教学设计建议

（一）教材内容与重点分析

排球教材的特点：对球的控制及身体协调性要求比较高，排球教学要从教材的共同特点入手，通过排球教材的学习，培养良好的球感，培养学生的品质。

1. 排球教材的学习重点

（1）排球技术主要内容与重点：

①侧面下手发球。重点——抛球、手法、击球准确。
②正面与背面双手垫球。重点——垫击动作、击球点、垫击部位、协调。
③正面与背面传球。重点——手型、击球点、手上击球部位、协调。
④正面扣一般球。重点——助跑方法、挥臂方法、击球点。

（2）排球战术主要内容与重点：

①中、二三。重点——人员站位与职责。
②边、二三。重点——人员站位与职责。
③单人拦网下的防守战术。重点——人员站位、分工、职责。
④5人接发球阵型。重点——人员站位、分工、职责。

2. 排球教材学习的身体感受要求

（1）手或脚是如何触球的［部位、手（脚）法、触球的点等］。
（2）手（脚）与身体的发力方法。
（3）身体的协调用力。
（4）对球的空间感觉。
（5）手（脚）对球的时间感觉。

在教学中，教师对技术的重点要求应当把握准确，教给学生正确的方法，促进学生学习，有助于形成终身体育观念，达成学校体育教育的目标。

（二）学校排球课堂教学设计建议

（1）根据初学者的生理和心理特点施教。
（2）提倡现代化教学方法的运用。
（3）强调直观与示范的作用。
（4）教师的讲解示范与组织练习应当以一种比较活泼、生动的方式进行。
（5）注意组织过程中对场面的控制。

（三）一堂成功的排球课标准

1. 一堂成功的排球课应当具有的特征

（1）比较好地完成任务，基本达到课的目标。
（2）学习气氛好，教师主导与学生主体作用（互动）展示充分。
（3）学生学习与锻炼效果比较显著。

总体按照学校教学的达成目标进行分析。具体来说，要做到"四个每个"：每个学生都动起来；每个学生都产生兴趣；每个学生都有收获；每个学生考虑自己，也替别人着想。

2. 排球课不成功的主要问题分析

问题出现比较多的是，在学习气氛上调节不当；教师主导与学生主体作用（互动）展示不够；学生学习与锻炼效果上出现差错；教师对场面失控。

3. 如何分析一堂排球课的组织教学效果

（1）从排球课的结构分析：根据课的任务与达成目标要求，课的结构安排是否有特点，教学组织安排是否比较合理。
（2）从排球教材教学方面分析：对教材的理解与贯通是否比较好，是否体现教材的特点。
（3）从学生接受与表现分析：是否生动活泼，令人感兴趣富有生气。

第三章 排球基本教学与训练方法

第一节 排球技术基本理论

一、排球运动技术的本质原理

1. 排球运动技术的概念

排球运动技术的本质原理就是有关排球运动技术本身所固有的根本属性的理论，是排球运动技术的概念、分类、特点等属性的理论，是我们研究排球运动技术发展规律的根本与基石。

排球运动技术是指在排球规则允许的条件下，运动员采用的各种合理的击球动作和其他配合动作的方法总称。它是排球运动的基础和重要组成部分，并且每一种排球运动技术都是由击球前动作、击球动作和击球后动作方法组成。从广义上讲，除了身体某一部位击球时的动作外，都称作无球技术（即配合动作方法）。但从狭义上讲，只把准备姿势、移动方法等称作无球技术，而把击球动作前后较连续的动作方法称作有球技术，如扣球技术中的助跑、起跳等。

2. 排球运动技术的分类

排球运动技术按照是否触球一般分为有球技术和无球技术两类，传球、垫球、发球、扣球、拦网等技术称为有球技术；而各种准备姿势、移动以及各种掩护动作方法称为无球技术。排球运动技术按照肢体部位运用形式一般分为手法和步法两部分，同时与视野活动、躯干活动和意识活动相配合融为一体。手法是指击球时手指、手腕、手臂用力和控制球的动作方法；步法是指快速灵活的脚步移动、助跑和起跳的动作方法。

3. 排球运动技术的特点

随着排球运动的发展以及竞赛规则的不断变化，排球运动形成自身独特的技术特点。主要表现在以下几个方面：第一，完成各种技术动作的时间短促；第二，各种技术动作都是球在空中飞行时完成；第三，大多数技术具有攻防两重性，如拦网、传球、垫球等；第四，身体各部位都能触球。

随着世界排球运动技术水平的迅猛发展和竞赛规则的不断修改完善、运动员体能和技能的不断提高，世界各个国家的男女排球队在发挥各自特长和优势的同时，积极借鉴、改造、创新技术战术，不断完善各自的独特风格和打法，尤其在发球、垫球、传球、扣球、拦网等技术方面都表现出了很高的水准，并呈现出以下的发展趋势：

一是，传球技术娴熟、动作隐蔽、分球合理、传速快；

二是，垫球技术多样、合理、实用；

三是，发球技术趋于高点、力大、速度快、弧度平、落点刁；

四是，扣球技术体现全、高、快、狠、变；

五是，拦球技术高度化、滞空化、手型合理化。

4. 我国排球运动技术的指导思想

技战术指导思想，或称训练指导思想，是一个队在训练和比赛中的理论原则与行动指南，是高水平队伍必不可少的取胜因素。正确的指导思想来源于运动训练与比赛实践，又反过来指导训练与比赛实践，并在实践中不断丰富与发展。随着排球运动规则的不断创新与实施，人们在研究和探讨其对排球技战术影响的同时，更关注技战术训练的指导思想。先进的指导思想，应该符合排球运动发展的规律，适应其发展趋势，并反映本民族的特点。当前，世界排坛劲旅都有自己的一套技战术指导思想，并在此基础上形成各自不同的打法。

我国排球运动技术的指导思想概括为八个字：全面、熟练、准确、实用。

全面：是指要求每个队员全面地掌握各种技术，做到能攻能守，能扣能拦，能高能快，能垫能传，在各个位置上都能胜任，各种技术动作都能掌握；并在全面的基础上有特点、有特长，从全队整体上掌握各种战术变化。

熟练：是指完成技术动作娴熟，达到自动化程度，动作轻松省力，基本功扎实，成功率高，在紧张、激烈的比赛中能稳定地发挥出自己的水平。

准确：是指技术合理，动作规范，控制球的能力强，准确性高，并符合战术要求。

实用：是指运动员的比赛意识强，技术动作简练，适应球的能力强，运用效果好，讲求质量和实效。

二、排球运动技术的力学原理

排球运动各种技术动作中都包含着力学问题。认真研究排球技术中影响人体起动、制动、起跳、挥臂等技术动作的力学原理及影响球飞行的影响因素，有利于找出排球运动技术动作的关键和难点，有利于学习者正确领会动作要领，提高掌握、运用技术的能力。

（一）起动和制动技术动作中的力学因素

1. 稳定角

人体重心与地面的垂线和人体重心与支撑面边缘连线所形成的角称稳定角。稳定角越大，越平衡稳定；反之，平衡性和稳定性越小。排球运动员在场上的平衡、稳定与支撑面大小、重心高低、稳定角大小三个因素有密切关系。运动员在场上不是静止不动的，而是随着场上的变化，随时采用各种形式作出快速的起动，然后变动步伐及制动起跳等动作。例如，后排防守准备姿势多用于接发球、拦网和各种传球。因此要求运动员在场上保持基本的站立姿势是"两脚左右开立，稍比肩宽，两膝微屈，上体稍前倾，两臂放松，自然弯曲，双手置于腹前"。

2. 蹬地角

人体蹬地作用力与地面的夹角称为蹬地角。在支撑反作用力一定的条件下，蹬地角越小，支撑反作用力的水平分力越大，即起动时的速度越快，初速度越大。例如，防守时为了提高向前的速度，除增加蹬地的作用力外，适当缩小蹬地角，有利于获得最大的速度。

3. 起动

起动是队员在球场上由静止状态变为运动状态的一种脚步动作。起动是移动的开始，起动的快慢是移动的关键。在进攻中，突然快速的起动是加快进攻节奏、提高进攻效果的有效手段；防守时，迅速的起动是保持或抢占有利位置、防起对手进攻的首要环节。据统计，在防守中，向前方和侧前方的移动最多。因此，身体重心的投影点应落在两脚支撑面的前部或适当超出支撑面，这样更有利于加快向前移动的起动速度。排球比赛中运动员要起动快、移动快。要完成这项技术动作必须符合以下4个原理：

（1）起动的力学原理是破坏原有的身体平衡。人体向前抬腿使身体失去平衡而向前倾，起到移动的目的，加之收腹，上体前倾，有利于身体重心前移，从而使后蹬角减小，增大了后蹬的水平分力，达到加速起动的目的。

（2）在起动方向上的稳定角要小。如向前启动时，上体迅速向前倾斜，或提起一只脚，使身体重心垂线远离支撑点。运动员做起动准备姿势时，前稳定角要接近零度。稳定角的大小，与支撑面大小成正比，与重心高低成反比。

（3）支撑反作用力要大。支撑作用力是队员蹬地的反作用力，运动员的蹬地力量越大，静止惯性的动力也就越大。启动时的主要用力在于蹬地腿的肌肉爆发式收缩的速度和力量。蹬地腿预先拉长的肌肉爆发力越大，起动速度就越快。

（4）蹬地角要小。在支撑反作用力一定的情况下，蹬地角的大小，决定这个水平分力的大小。重心前移，蹬地角减小，蹬地的水平分力增加。所以，启动时应采用较小的蹬地角，以获得较大的支撑反作用力的水平分力。为了使身体重心迅速前移，有时还可以在抬腿之前，后腿适当向后垫一步，起到减小蹬地角，增大水平分力的作用。如向左移动，则抬左腿，身体向左移动并倾斜，右脚蹬地起动。

蹬地角与支撑反作用力是互为影响的。当蹬地角发生变化时，人体的发力条件也发生改变。如果蹬地角过小，蹬地力也会减小，支撑作用力也随之减小，其水平分力也会减小。此时，起动的加速度会受到影响，因此应选择适合的蹬地角；一般腿部力量强的队员，其蹬地角可小一些；腿部力量弱的队员，其蹬地角可适当大一些，以使身体在短时间内获得最大的加速度，但前提是掌握好适宜的重心倾斜角度，爆发力才能具备有效的水平分力。

4．制动

人体从运动到静止的过程叫制动。制动与起动是完全相反的过程。制动时，最后跨出一大步，跨出脚蹬地，从而获得一个地面对人体支撑反作用力，其与重力形成合力的方向与人体运动方向相反，从而使身体移动速度减慢，直到停止。影响制动快慢的因素有两个：

（1）支撑反作用力的大小。支撑反作用力越大，制动越快。

（2）支撑反作用力与地面夹角的大小。夹角越小，制动越快。

（二）传球技术动作的力学分析

传球技术动作的作用力顺序是蹬地、伸膝、伸腰、伸臂、伸肘、抖腕、弹指的屈伸，以及触及来球的反弹力等，将球传出。最重要的是伸臂和手腕、手指的紧张用力，球压在手指上产生的反弹力将球传出。传球时要根据来球的速度、弧度、力量而适当控制手臂、手指和手腕的紧张程度，加强或缓冲出球速度，控制好传球的弧度和距离，提高准确性。研究表明，击球瞬间，手触球至离手时间一般为 0.075 秒左右，但因传球手型的拇指形状不同，其时间略有差异，"一字"型为 0.0734 秒，"朝前"型为 0.0775 秒。在传球瞬间怎样控制球速和力量及准确性方面，除上述要求外，手臂、手腕、手指对球的本体感觉和进行精确而巧妙的微调，也是传好球的关键。

根据传出球的弧度、距离的不同，全身协调用力击球的技术规格，也有所差别，如传远距离和调整传球时，主要由踝关节和膝关节的伸展蹬地所产生的作用力来增加传球力量，即下肢用力较多。从生理学角度分析，肌肉收缩时产生的力量与收缩前的初长度有关。若在收缩时肌肉适当被拉长，其收缩时产生的力量更大，因而获得一个加速度。传平拉开、背传、变向传球时，依靠腰腹力量展体送髋，转体动作使用较多。

从运动学角度分析，传球出手是一个匀速运动，应遵循牛顿第二定律的运动规律，物体在力的作用下，产生加速度，球的质量是个常数，因而加速度的大小取决于作用力的大小。因此，传球手法和全身的协调用力是传球中不可忽视的重要环节，它关系出球的速度，可增加出球点，扩大出球面，提高传球的灵活性，从而增强传球的质量。

传球主要是依靠蹬地、展体、伸臂的全身协调动作所形成的推力和手指、手腕的击球力量，构成一个合力作用于球体，而缓冲技术的关键是手指、手腕控制球的能力，这是衡量优秀二传手技术水平的高级技巧的重要标志。

（三）垫球技术动作的力学分析

1. 手臂角度对垫击球的影响

手臂垫击平面与地面夹角的大小直接影响着击球的效果。夹角大，垫击球弧度低，夹角小，垫击球弧度高。若来球不旋转，可利用入射角与反向角的原理击球；若来球弧度高、球体由上向下落时，手臂与地面所形成的夹角应小；若来球弧度平低，则手臂角度应大，使来球以适当弧度反弹飞向目标。若来球旋转、碰击手臂时，除球给手臂一个作用力和手臂给球一个反作用力外，球的旋转力也作用于手臂，而手臂也要给球的旋转一个大小相等、方向相反的反作用力，这样球触手后反弹方向为反弹力和旋转反作用力的合力方向。因此，垫球效果和手臂垫击平面与地面夹角的大小有关。手臂与地面夹角大，垫球时弧度平；手臂与地面夹角小，垫球弧度较高。总之，手臂角度对控制垫球的方向、弧度和落点的影响较大。

2. 垫球技术中对反弹力的控制

在比赛中，常常可以看到虽然手臂垫击的角度很好，但由于没有控制好球的反弹力量而垫不到位或垫过网。其主要原因是没能根据来球力量，掌握和调整好手臂垫击球的力量和垫球时的缓冲动作。一般情况下，球体在与固定的垫击面碰撞后，反弹的速度将小于碰撞前的速度。但当来球的力量大、垫球的距离短时，则必须采用相应的缓冲动作，避免因反弹力过大而使球飞越过网的现象。反之，如果来球力量小，要求垫球的距离又远时，则应加大抬臂迎击球的力量，才能将球送到位。这是因为在来球力量相等的条件下，当球碰撞手臂时，球体形变的大小和形变速度的快慢与手臂主动迎击球的力量成正比。如果手臂迎击球的动作速度快、撞击球的力量大，则缩短球与手臂的接触时间，球体的形变大、速度快，反弹力也就大；若手臂迎击球的动作慢、速度均匀、力量小，并伴随着一定的缓冲动作时，则将延长球与手臂的接触时间，球体的形变小、速度慢，反弹力就小。因此，垫球中要想得到理想的反弹速度和控制好垫出球的落点，必须根据来球的力量，运用适当的缓冲动作，掌握好击球的力量，才能将球准确地垫向目标。

（四）发球技术的力学分析

1. 影响球体飞行的诸因素分析

（1）加速与缓冲

排球运动中的各种击球动作按用力特点来分，有加速和缓冲两种。扣球、发球、拦网、垫球、传轻球等基本上属于加速动作；垫重球、传重球等基本属于缓冲动作。

无论是加速动作，还是缓冲动作，都是根据运动员的具体情况调整作用力的大小及其时间的长短。根据动量定理 $F\Delta t = mv_2 - mv_1$，物体动量改变的大小是内力和外力作用时间的乘积决定的。由于规则的限制，击球时力的作用时间的变化不明显，而主要通过作用力的变化来使球体获得不同程度的动量变化。在完成发球动作时，手（或手臂）的运动方向与球体原来运动的方向相反，二者成相向运动。球体受到很大的作用力，使冲量的值大幅增加，从而使球体的动量变化很大，球出手的速度加快。

（2）角度

球的飞行轨迹受开始飞行时的角度影响，如发球时，假设用同等力量击球，作用力与水平线所形成的仰角大小不同，球飞行的抛物线和落点也不相同。当球飞行的始点和落点在同一水平线时，仰角为45°时，球的落点最远，大于或小于45°时，球的落点都较近。当球的初速度方向一定时，初速度越大，球的落点也就越远。

（3）作用力

在击球角度固定的情况下，球飞行抛物线受击球时作用力大小的影响。作用力大，球的落点远，作用力小，球的落点近，如发球时仰角固定，击球用力越大，球飞得越远。

（4）旋转

旋转球是由于球体表面并非绝对光滑，击球动作产生的作用力在作用到球体时，未通过球的重心，使球在飞行过程中发生偏离。球旋转时，空气黏滞性和摩擦力的作用，使球体外部一定区域内可产生与球体旋转方向一致的空气环流，越靠近球体表面，空气环流的旋转速度与球体的旋转速度相差越小。球如此旋转向前运动，在球体环流与空气流线相互作用的影响下，球体将以曲线的运行轨迹向前飞行，即马格努斯效应，它的力学依据是流体力学的伯努利定律。当旋转着的球体向前运行时，空气流与球流相互作用，使流线分布产生变化，与球体环流方向一致的空气流线速度快，球体一侧的压力降低，形成低压区；球体另一侧的空气流线方向与球体环流方向相反，流线速度慢，这侧压力升高，形成高压区。在球体向前运行中，球体两边压力差的结果是球体受到合力作用，使球逐渐偏离直线运动路线，变为曲线飞行。

假如用同样的角度、同等力量击球，球飞行的路线还受到球体本身旋转的影响。旋转有上旋、下旋、左侧旋和右侧旋，各种旋转都会影响球的飞行轨迹。在排球运动比赛中，运用旋转的原理指导具体实践，对提高排球运动技术有很大的促进作用。例如，发球时，作用力通过球体的上半部，利用手和球皮的摩擦，加之手腕的推压作用，可发出上旋球。同理，作用力通过球体的下半部就可以发出下旋球，作用力通过球体的左半部，就可以发出左侧旋球，作用力通过球体的右半部，就可以发出右侧旋球。其原因是球体表面与周围空气的相互作用导致球的飞行轨迹发生变化，产生各种偏离原来方向的曲线运动。

（5）飘球

关于飘球成因，目前尚无定论，还有待进一步深入研究、探索。国内外进行了大量的理论分析，介绍如下。

①当作用力通过球体重心，球将不旋转向前飞行。由于没有旋转轴，球体的飞行轨迹是不稳定的，因此球体会摇摇晃晃地前进。

②球体的振动，可以使球体变形。球体的变形与击球时球体所受到的单位面积的压力有关。球体振动时一侧凸起，一侧凹陷，并不断地振动变形。凸起的一侧和凹陷的一侧，空气的流速不同，球体两侧空气流速又不断发生变化，这样球体两侧不断地产生不同的压强差，使球的飞行路线随着球体振动的变形而随时改变，从而产生飘晃。

③不旋转的球，因受空气阻力影响，速度逐渐减慢，到飞行 5~10 米/秒时，球就会遇到近两倍的强大压力。因此，球会突然失速，改变飞行路线。

④当不旋转的球飞行时，球体后面的空气稀薄，压力迅速降低。因此，压力大的气流就向压力小的地方压缩，在球的后面形成许多旋涡，旋涡越大，对球产生的阻力就越大。它能阻止和干扰球的飞行，造成球体在空中飞行时出现摇晃现象。

⑤球体表面黏合线与空气的流动方向顺逆不一，引起空气对流速的变化，而造成阻力差，改变了球的正常轨迹。

⑥经过试验，在确保球在飞行中不转动的情况下，击球的同一部位，给同样的力，向同一方向发出球，球嘴向上，过网点高，球易出界；球嘴向下，过网点低，球不易过网；球嘴向左，球过网后向左偏；球嘴向右，球过网后向右偏。

此外，影响飘晃的因素还有球体自身的质量、球的形状、球内的气压和球的外皮质量等。从现象上看，飘球的运动轨迹类似周期摆动，或是以突然失速下掉的方式运动，而不是沿抛物线轨迹运动；从发球技术上分析，发飘球时，要使作用力通过球体的中部，使球不发生旋转。击球时手和球接触面要小，发力突然、短促，手腕击球的时间要短。因此，关于飘球的原理分析，随着现代科学技术的理论与方法应用到排球科研领域中来，必将会揭开长期以来的对该原理研究的"奥秘"。

（五）扣球技术动作的力学分析

扣球技术动作包括准备姿势、助跑、起跳、空中击球和落地，其中空中击球动作是扣球技术动作结构中的关键环节，直接影响着扣球的质量和效果。以下着重讨论起跳和空中击球技术动作的生物力学原理。

1. 制动和起跳

人体从运动状态恢复到静止状态整个过程称为制动。制动与起动是完全相反的过程。制动时是最后跨出一大步，跨出脚支撑地面，地面对人体产生支撑反作用力，这时支撑反作用水平分力与原重心移动的方向相反，从而使重心移动速度减慢，直至停下。制动时，支撑反作力越大，即人体向前的蹬地力越大，减速越快。在支撑反作用力相同的情况下，身体重心越低，蹬地角越小，越容易制动。重心下降、蹬地角减小、上体后倾等都可起到制动作用。在现代排球比赛中，若要控制球的方向、路线和落点，就必须在快速移动之后，击球之前做制动动作，才能顺利地完成击球动作。

起跳是指排球技术中的各种跳跃动作，跳跃动作是利用下肢猛烈地蹬地而产生地面对人体的支撑作用力，以及上体和手臂向上做加速动作而引起的向下的惯性力，通过支点作用于地面而产生的支撑反作用力。这些支撑反作用力和重力的合力产生了使人体向上的加速度，推动人体跳离地面。下肢各关节肌群的蹬地爆发力越大，地面产生反作用力也越大，身体重心离开地面的加速度也越大，跳离地面就越高。上体和手臂的加速度越快，地面的支撑反作用力也越大，跳离地面的速度也越快。

原地起跳时，蹬地速度越快，起跳越高，使人体跳离地面的合力 F 是支撑反作用力 R 和重力 w 的差，即 $F = R - w$。

助跑起跳时，主要借助身体重心向前移动的速度，发挥上体和手臂向上的加速作用，通过制动增加踏跳时给地面的作用力，从而增加了支撑反作用力。因此，在助跑起跳的发力中，双腿给地面以向前下方的作用力，从而获得向上方的支撑反作用力。支撑反作用力的水平分力，使人体获得向后的加速度，以减小向前的冲力（即助跑速度）。而垂直分力和重力的合力，使人体获得向上的弹跳力。另外，根据许多体育科学家们的研究结果表明，一般认为下蹲时，髋关节角度为 90°～100°、膝关节角度为 100°～110°、踝关节角度为 80°～90°，才能获得更高的弹跳高度，从力学角度讲，这样的角度容易发挥各肌肉群的最大力量。因此，助跑起跳要特别强调下蹲的角度。

影响助跑起跳的原因有：
（1）助跑速度过大，来不及制动。
（2）支撑反作用力太小，造成支撑反作用力的水平分力小，向后的加速度也小，故不能迅速减小向前的速度。
（3）蹬地角过大，造成支撑反作用力的水平分力小。因此，在教学训练中应注意加强制动速度；减小助跑速度，加大下肢的蹬地力；加速上体和上肢的上摆；减小蹬地角，并使重心下降，上体后倾。

2. 挥臂击球中的鞭打动作

鞭打是指队员手臂挥动击球时，以上臂带前臂、前臂带手腕的抽打动作。从力学观点看，一个链状物体，其质量大的一端先微加速运动，在制动过程中，其动量向游离端传递，使其末梢部分产生极大的运动速度，即是鞭打动作的力学原理。

人体运动链在鞭打动作中动量的传递，也同样是这个原理，但人体上肢并不是一个简单的鞭子或是一个机械的链状物，而是有许多块灵活而有力的肌肉附着在上肢上，动量传递仅仅是上肢鞭打动作快速有力的一个原因。另一个主要原因是上肢各个环节的依次发力，斜方肌上部、下部在前锯肌接近固定下肢收缩做克制工作，使肩胛骨上回旋，实现上臂上举，随后胸大肌和三角肌前部猛然牵引上臂内收和向前下方运动。与此同时，肱三头肌和肘部肌肉在近端固定下快速收缩，以做克制工作完成伸前臂动作。同时前臂屈肌群的屈腕、屈指肌群爆发式收缩，做克制动作，使手及手指在腕、掌指、指关节处屈曲，这样使上肢各环节的动量逐步积累。而末梢环节（手、掌及指）的运动速度就是由其各近侧环节的运动速度的依次叠加而成。

从力学角度分析，在挥臂初期手臂在肘关节的弯曲是必要的，这样能缩短半径，增加上臂转动的角速度。然后上臂制动，肱三头肌及时收缩引起前臂在肘关节处迅速伸直，以增加线速度，向前上方猛烈摆动，最后前臂突然制动，前臂的力量经手腕传递给手掌，以满掌击球，以最后力量击中球体，整个挥臂动作就像一根鞭子。"鞭打"的各环节依次连续摆动可使手获得最大运动速度，即符合多环节摆动速度叠加原理。古巴队的路易斯，扣球的平掌击球瞬时速度为 15.0 米/秒，美国女排克罗克特为 17.50 米/秒，她们扣球时肩、肘、腕三个关节的最高速度分别为 4~6 米/秒、8~12 米/秒、16~19 米/秒，扣出的球速均值为 30 米/秒左右，具有挥臂击球点高、下手快的特点。

扣球技术中的空中击球动作，人体的展体屈臂后振或拉臂动作，依据转动惯量和转动定律，以及 $v_{线} = wr$ 的力学原理，先是屈臂减小转动半径 r，从而增加角速度 w。在转动角速度保持较大值的条件下，加大半径 r，从而增大上肢末端手掌的线速度 $v_{线}$，获得最大的转动惯量，即快速的屈体挥臂，击球动作，要求动作连贯，以期获得最大的击球力量。

值得指出的是，非击球臂在"鞭打"过程中的作用也不可忽视。非击球臂在"鞭打"前，在"背弓"形成过程中同时上摆，在躯干摆振前应先前摆非击球臂，使击球臂肌群进一步被动拉长，在加大击球挥臂力量的同时，加长挥臂肌群的工作距离，从而加大躯干、击球臂前摆角动量、非击球臂的前摆，减少非击球臂对腰轴的转动惯量，加大击球臂的角速度。

上肢鞭打的特点是大关节带小关节，大小关节依次活动，每一环节的最大活动速度，都是在前一环节达到最高速度之后获得的。因此，手臂挥动击球时，上臂带动前臂，前臂带动手腕的抽打动作（即鞭打动作的末端环节）是快速有力的。在做上肢鞭打前，只有各环节的肌肉放松，才能加快挥动手臂的速率，只有加速挥动，才能有较大的爆发力。

拦网起跳前，要充分利用手臂的摆动协助起跳，若来不及，可在体侧前方划小弧用力上摆，以带动身体垂直向上起跳。要充分利用身体前倾姿势处理好人、球、网三者之间的关系。腰的角度为 90°，膝的角度为 100°~110°，踝的角度为 80°~90°，一般腿部力量强的队员下蹲可深一点。

国外学者曾对拦网起跳动作的生物力学特征进行研究，结果发现在拦网纵跳时的预备阶段，即下蹲阶段指向地面的加速度值是越大越好。因此，要获得其加速度最大值，要求肌肉应尽量放松，使下蹲阶段近似于自由落下，拦网起跳时下蹲阶段加快速度，有利于起跳蹬地腾空时，能更好地利用拉长着的肌肉的收缩力。

第二节 准备姿势与移动教学训练

准备姿势与移动是排球基本技术之一，属于无球技术，是完成发球、垫球、传球、扣球和拦网等各项有球技术的前提和基础，并对各项有球技术的运用起串联和纽带作用。准备姿势和移动是相辅相成的，准备姿势主要是为了移动，而要快速移动，又必须先做好准备姿势。

一、准备姿势

为了便于完成各种技术动作而采取的合理的身体姿势称准备姿势。合理的准备姿势是指既要使身体重心处于相对稳定的状态,又要便于移动和完成各种击球动作,为迅速启动、快速移动及击球创造更好的条件。为完成某项有球技术而做的准备姿势,称专项技术准备姿势,例如,拦网、发球、传球等都采用不同的准备姿势。

一般来讲,按照身体重心的高低,准备姿势可分为半蹲、稍蹲和低蹲三种。

(一) 半蹲准备姿势

1. 动作方法

两脚左右开立稍比肩宽,一脚稍前,两脚尖内收,脚跟稍提起;膝关节保持一定的弯曲,其投影在脚尖前面;上体前倾,重心靠前;两臂放松,自然弯曲,双手置于腹前;全身肌肉适当放松,两眼注视来球,两脚始终保持微动。

2. 技术分析

(1) 脚跟稍提起,膝关节保持一定弯曲,便于及时向各个方向蹬地启动,预先拉长伸膝肌群和增大移动时的后蹬力量,也便于及时起跳、下蹲和倒地。

(2) 上体前倾有利于向前或向侧前移动,两臂置于胸腹之间,有利于移动时的摆臂和随时伸臂做各种击球动作。

(3) 肌肉保持适度放松比肌肉完全放松和过度紧张更有利于启动。两脚保持微动,使神经系统处于适当的兴奋状态,有助于肌肉的快速收缩和克服静止的惯性 (图 3-1)。

图 3-1 半蹲准备姿势

3. 技术要点

屈膝提踵,含胸收腹,微动。

（二）稍蹲准备姿势

稍蹲准备姿势比半蹲准备姿势的重心稍高，动作方法相同（图3-2）。

图3-2　稍蹲准备姿势

（三）低蹲准备姿势

低蹲准备姿势比半蹲准备姿势重心更低、更靠前，两脚左右、前后的距离更宽一些，膝部弯曲程度更大一些；肩部投影过膝，膝部投影过脚尖，手置于胸腹之间（图3-3）。

图3-3　低蹲准备姿势

二、移动

从启动到制动的过程称为移动。移动的目的主要是及时接近球，保持好人与球的位置关系，以便击球。迅速地移动可占据场上的有利位置，争取时间和空间。能否及时移动到位，直接影响着技战术质量。移动由启动、移动步法和制动三个环节所组成。

（一）启动

启动是移动的开始，是在准备姿势的基础上，变换身体重心的位置，破坏准备姿势的平衡，使身体向目标方向移动。

1. 动作方法

根据场上的情况，采取不同的准备姿势，有利于随时改变移动方向和迅速移动。以向前移动为例，在正确准备姿势的基础上，迅速向前抬腿收腹，使上体向前探出，同时后腿迅速用力蹬地，使整个身体急速向前启动。

2. 技术分析

（1）力学原理

启动的力学原理是破坏平衡。人体向前抬腿，身体失去平衡而前倾，开始了启动。收腹和上体前倾，有利于身体重心的前移和降低，从而使蹬地角减小，增大了后蹬的水平分力，达到了快速启动的目的。

（2）主要动力

启动时的主要动力来源于蹬地肌肉的爆发式收缩，蹬地腿预先拉长肌肉的爆发力越大，启动就越快。

3. 技术要点

抬腿蹬地，破坏平衡。

（二）移动步法

排球运动中的移动步法有很多种。启动后应根据临场技战术需要，灵活地采用各种移动步法进行移动。

1. 动作方法

（1）并步与滑步

并步如向左移动，则右脚蹬地，左脚向左跨出一步，右脚迅速跟上做好击球准备（图3-4）。连续并步就是滑步。

图3-4　并步与滑步

（2）跨步与跨跳步

跨步如向前移动，则后腿用力蹬地，前脚向来球方向跨出一大步，膝部弯曲，上体前倾，身体重心移至前腿上（图3-5）。跨步可以向前跨步，也可向侧方跨步。跨步过程中有跳跃腾空即为跨跳步。

图3-5　跨步

（3）交叉步

交叉步一般指侧向移动时两脚交叉移动，以向左交叉步为例，上体稍向左转，右脚从左脚前面向左交叉迈出一步，然后左脚再向左跨出一大步，同时身体转向来球方向，保持击球前的姿势（图3-6）。也可一只脚先后撤一步，然后另一只脚进行交叉步移动（图3-7）。

图3-6 交叉步（一）

图3-7 交叉步（二）

（4）跑步

跑步时两臂要配合摆动。如球在侧方或后方时应边转身边跑。

（5）综合步

以上各种步法的综合运用。

2. 技术分析

（1）并步移动时后腿迅速跟进，较易保持身体平衡，便于做各种击球动作。

（2）跨步移动时的步幅较大，身体重心较低，便于接1~2米处低球。交叉步采用两步移动，所以移动距离比跨步移动更远。

3. 技术要点

抬腿弯腰移重心，第一步要快。

（三）制动

在快速移动之后，为了保持稳定的击球姿势和克服身体惯性的冲力，必须运用制动技术。

1. 动作方法

（1）一步制动法

一步制动时，最后跨出一大步，同时降低重心。膝和脚尖适当内转，全脚掌横向蹬地，抵住身体重心继续移动的趋势，并用腰腹力量控制上体，使身体重心的投影落在两脚所构成的支撑面内。

（2）两步制动法

两步制动时，以倒数第二步做第一次制动，紧接着跨出最后一步做第二次制动，同时身体后仰，重心下降，双脚用力蹬地，使身体处于有利于做下一个动作的姿势。

2. 技术分析

（1）制动的本质是恢复平衡。在最后跨出一大步跨出脚蹬地的同时，地面给人体一个支撑反作用力，其水平分力与身体的移动方向相反，从而使身体重心移动速度减慢。

（2）最后跨出一大步时，上体后仰，降低身体重心，使蹬地角减小，稳定角增大，有利于制动。

3. 技术要点

跨大步，降重心。

三、准备姿势与移动的运用

稍蹲准备姿势一般应用于扣球助跑之前，对方正在组织进攻不需要快速反应启动的时候。半蹲准备姿势多用于接发球、拦网和各种传球时。低蹲准备姿势主要用于防守和各种保护动作时，由于重心低，便于倒地和插入球下，防守低远球。

队员根据防守位置的不同，准备姿势和两脚站立的方法也有所不同。为了对准来球，便于及时地移动，在左半场区时左脚站在前面，身体稍右转；在右半场区时应使右脚站在前面，身体稍左转。

并步的特点是容易保持平衡，便于做各种击球动作，主要用于传、垫球和拦网；跨步适用于来球较低、离身体 1～2 米垫击时；当来球距体侧 3 米左右时，可采用交叉步，其特点是步子大、动作快、制动强，主要用于二传、拦网和防守；当来球距身体更远时，可采用跑步。移动要快，关键是在不同的情况下采用不同步法，以适应来球。为了更好地击球，并达到良好的击球效果，应力求在移动结束后能正面击球，或保持良好的击球面。

一步制动法多在短距离移动之后，前冲力不大时采用；两步制动法多在快速移动之后，冲力较大时使用。制动有多种方法，关键是最后一步都要跨出一大步。

四、准备姿势与移动的教学及练习方法

（一）教学顺序

首先学习基本的半蹲准备姿势，然后学习稍蹲和低蹲准备姿势。按照并步、跨步和交叉步的顺序学习移动，同时介绍滑步、跑步和综合步法。准备姿势和移动的教学应同时进行。

（二）教学步骤

1. 准备姿势的教学步骤

（1）讲解：准备姿势的目的与运用；准备姿势的分类；半蹲准备姿势的动作方法；稍蹲准备姿势、半蹲准备姿势和低蹲准备姿势的异同点。

（2）示范：边讲解边示范。示范时，既要正面做也要侧面做。

（3）组织练习：由原地做过渡到移动中做。

（4）纠正错误动作。

2. 移动的教学步骤

（1）讲解：移动的目的与作用；移动与准备姿势的关系；移动步法的种类及在比赛中的应用时机；各种移动步法的动作方法。

（2）示范：边讲解边示范。示范时，既要正面做也要侧面做。

（3）组织练习：徒手练习、结合球练习、结合其他基本技术练习。

（4）纠正错误动作。

（三）练习方法

1. 准备姿势的练习方法

（1）成两列横队，在教师指导下做各种准备姿势。

（2）两人一组，一人做准备姿势，另一人纠正其错误。两人交换进行。

（3）原地跑步，在跑步的过程中根据教师的手势、口令、哨音或其他信号做不同的准备姿势。

2. 移动的练习方法

（1）徒手练习

①成半蹲准备姿势，根据教师口令和手势做各种步法和方向的移动。

②两人一组，相对站立，一人跟随另一人做同方向的移动。

③以滑步和交叉步进行 3 米往返移动，手触及两侧线。

④从端线起，以教师规定的步法进 6 米，退 3 米，如此连续往返进到场地的另一端。

（2）结合球练习

①两人一组，相距 6 米，各持一球，两人同时把球滚向对方侧体 3 米左右处，移动接住球后再滚给对方。如此反复进行。

②两人一组，一人持球向不同方向空中抛出 2~3 米，另一人移动对准球，用双手在额前接住球。

③成纵队立于网前，依次接教师抛向场地不同方向及不同弧度的球。

（3）结合其他技术练习

结合准备姿势练习，结合传、垫、扣等技术练习。

五、准备姿势与移动的易犯错误及其纠正方法

准备姿势与移动的易犯错误及其纠正方法如表3-1所示。

表3-1 准备姿势与移动的易犯错误及其纠正方法

	易犯错误	纠正方法
准备姿势	在意提脚跟	强调脚跟提起是腰、膝、踝弯曲所引起的自然动作的道理
	全脚掌着地	提示提脚跟,使其两脚前后略分大些
	直腿弯腰	多做低姿势移动辅助练习
	臀部后坐	讲重心靠前的道理,使双膝投影超过脚尖
移动	启动慢	做辅助练习,如各种姿势下的起跑
	移动时身体起伏大,身体重心过高	讲清道理,多做穿越网下的往返移动
	制动不好,制动后不能保持准备姿势	脚和膝内扣,最后一步稍大

第三节 发球技术教学训练

发球是排球的基本技术之一,也是排球比赛中一项重要的进攻技术。发球是1号位队员在发球区内自己抛球后,用一只手将球直接击入对方场区的一种击球方法。发球是排球技术中唯一不受他人制约的技术。

在20世纪50年代,各队在比赛中主要采用勾手大力发球和正面上手发球技术,发球的特点主要是力量大、速度快。20世纪60年代,各队广泛采用发飘球技术,由于发出的球飞行时飘晃,给接发球造成很大困难。20世纪70年代,发球技术没有很大进展,但在发球技术运用上有很大提高。进入20世纪80年代以后,各队广泛采用跳发球技术,给接发球带来较大威胁。现在的发球区位于整个9米长的端线外,发球队员可在9米宽的发球区内任意地方发球,从而使发球有了更大的威胁。

发球是比赛的开始,也是进攻的开始。排球比赛中真正意义上的第一次进攻是发球。准确而有攻击性的发球可以直接得分或者破坏对方的战术组成,减轻本方防守压力,为反击创造有利的条件,同时能振奋精神,鼓舞全队士气,在心理

上给对方造成很大压力。反之，如果发球威力不大，不但失去直接得分或者破坏对方战术的机会，还会给本方的防守造成很大的困难，形成被动的局面。发球失误，将直接失分和失权。因此，发球在比赛中的重要性越来越得到体现，发球也越来越受到重视。

一、发球技术的动作方法

发球按照发出球的性能可分为发飘球和发旋转球。发飘球主要有正面上手发飘球、勾手发飘球和跳发飘球，发旋转球主要有正面上手发球、跳发球、正面下手发球、侧面下手发球、勾手大力发球、侧旋球和高吊球。

（一）正面上手发球

正面上手发球要正面对球网站立，以便于观察。这种发球的准确性较高，并能充分利用蹬地、转体和收腹带动手臂加速挥动，以及运用手指手腕的推压动作，因此可以加大发球的力量和速度，同时使球呈前旋飞行，不易出界。

1. 动作方法

队员面对球网，两脚前后自然开立，左脚在前（以右手发球为例，下同），左手持球于身前，手臂用手掌平托着球向上送，将球平稳地垂直抛于右肩前上方，高度适中。在左手抛球的同时，右臂抬起。屈肘后引，肘与肩平，上体稍向右转。击球时，利用蹬地、转体和收腹带动手臂挥动，在右肩前上方伸直手臂的最高点，以全手掌击球的中下部。击球时，手指自然张开吻合球，手腕迅速主动做推压动作，使击出的球呈前旋飞行（图3-8）。

图3-8 正面上手发球（左手抛球）

当然，也可以用右手抛球（图3-9），或者双手抛球（图3-10）。为了加强发球的力量和攻击性，许多运动员还向前一步、两步或者多步正面上手发球。

图 3-9 正面上手发球（右手抛球）

图 3-10 正面上手发球（双手抛球）

2. 技术分析

（1）准备姿势时，左脚在前，便于右臂后引和身体自然后转，同时也便于向左转体挥臂击球。

（2）抛球平稳、准确、高度适中，是为了提高击球的准确性。抛球过前时，易造成推球，不易过网，不能充分发挥转体和收腹的力量；抛球过高时，不易掌握击球时机；抛球过低时，则来不及充分挥臂用力。

（3）挥臂前，肘关节后引，可拉长胸腹和手臂的部分肌肉，并积累一定的弹性势能，同时延长挥臂，有利于加快转体和挥臂速度，从而加大挥臂力量。

（4）击球时，转体并收腹发力，腰带动肩，肩带动上臂，上臂带动前臂，前臂带动手腕，最后传递到手上，能够使手获得最大的速度。

（5）击球时，两脚蹬地，使上体加速做向前的运动，加快了手臂挥动的速度，有利于加大击球力量。

（6）以全手掌击球的中下部，能够增大击球面积，延长手作用在球上的时间，易控制球。手腕的推压动作能够使球呈前旋飞行，不易出界。

3. 技术要点

抛球，弧线挥臂，包击推压。

（二）正面上手发飘球

正面上手发飘球是采用正面上手的形式，使发出的球不旋转、不规则地飘晃飞行的一种发球方法。正面上手发飘球可分为重飘、轻飘、远飘、下沉等。正面上手发飘球时面对球网，以便观察对方接发球情况。

1. 动作方法

准备姿势同正面上手发球相同，但抛球较低、较靠前。抛球的同时，右臂屈肘后引，上体稍后仰。击球前，手臂自后向前做直线挥动。击球时，五指并拢，手腕稍后仰，用掌根平面击球的中下部，作用力通过球体重心。击球瞬间，手指、手腕紧张，不做推压动作，手臂挥动有突停动作。击球发力突然、快速而短促（图3-11）。

图3-11 正面上手发飘球

2. 技术分析

（1）抛球比正面上手发球稍前、稍低，便于挥臂击球时向前用力。

（2）击球前，手臂的挥动轨迹呈直线，便于作用力通过球体重心，使球体不旋转地向前飞行。

（3）用掌根或手臂其他坚硬部位击球，击球面积小，力量集中、短促，易造成飘晃。

（4）击球时，手指、手腕紧张以及击球手臂的突停动作，可使球体迅速脱离击球手，缩短手对球的作用时间，从而使球产生较大变形，更易产生飘晃。

3. 技术要点

抛球，直线挥臂，短促击球，作用力通过球体重心。

（三）勾手发飘球

勾手发飘球简称勾手飘球，又称勾飘。勾手，指手臂做侧向大回转挥动。勾手发飘球是侧对球网站立，利用勾手的形式，使发出的球不旋转、不规则地飘晃飞行的一种发球方法。这种发球方法能够较多地借助下肢和腰部力量，所以不仅可用于近距离发球，也非常适用于远距离发球。

1. 动作方法

身体侧面对网，两脚自然开立，左手持球于胸前，将球平稳地抛在左肩前上方约一臂高处。击球时，右脚蹬地，上体向左转动发力，带动手臂挥动。挥动时手臂伸直，用掌根在右肩的左上方击球的中下部。在击球前，突然加速挥臂，手的挥动轨迹保持一段直线运动，击球瞬间，五指并拢，手腕后仰并保持紧张，手臂挥动有突停动作（图3-12）。

图3-12 勾手发飘球

2. 技术分析

（1）利用蹬地和上体转动，带动手臂的加速挥动，使肩关节负担较小，可发长距离飘球。

（2）用掌根击球中下部，击球面积小，力量集中、短促，易造成飘晃。也可用半握拳或拇指根部击球。

（3）击球点不在伸直手臂的最高点，便于手臂在击球前保持一段直线挥动，从而使作用力通过球体重心，使球不产生旋转。

（4）击球时手指、手腕紧张及击球时手臂挥动突停动作的原因与上手发飘球相同，是为了保证球的飘晃。

3. 技术要点

抛球，转体发力，直线挥臂，短促击球，作用力通过球体重心。

（四）跳发球

跳发球是为了加强进攻性，以助跑起跳的方式，在空中将球直接击入对方场区的发球方法。跳发球也可做跳发飘球，但主要是跳发旋球，这种发球由于是跳起在空中击球，击球点较高，身体能充分伸展，有利于充分发力，故而力量大、旋转强、速度快。

1. 动作方法

面对球网，站在距端线 2~4 米处，利用单手或双手将球抛在前上方，离地面高 4~5 米，甚至 6~7 米，随着抛球离手向前助跑跳起。起跳时，两臂要协调摆动，摆幅要大。击球时，利用收腹和转体动作带动手臂挥动。击球点保持在右肩前上方，手臂伸直，利用全手掌击球的中下部，并加推压动作，使球呈前旋飞行。击球后，双脚落地，双膝缓冲，迅速入场。

2. 技术分析

（1）助跑起跳不但使身体获得了一定的水平方向初速度，增强了击球力量，而且也提高了击球点，降低了球体飞行轨迹的弧度，使球更具有威胁性。

（2）击球的中部是因为跳发球的击球点高，在保证过网的前提下，压低球的飞行弧度，加大威力。

3. 技术要点

抛球，助跑起跳，腰腹发力，包击推压。

（五）正面下手发球

正面下手发球是身体正面对网，手臂由后下方向前摆动，在腹前将球击入对方场区的一种发球方法。正面下手发球动作简单，因此最适合初学者学习和运用。

动作方法：面对球网，两脚前后开立，左脚在前，两膝微屈；上体稍前倾，重心偏后脚。左手持球于腹前，将球轻轻抛起在体前右侧，离手高约20厘米，在抛球同时右臂伸直，以肩为轴向后摆动，借右腿蹬的力量，身体重心随着右手向前摆动击球而移至前脚；在腹前以全手掌、掌根或虎口击球中下方（图3－13）。

图3－13　正面下手发球

（六）侧面下手发球

侧面下手发球是身体侧对球网站立的一种下手发球方法。动作简单，因此也适合初学者学习和运用。

动作方法：左肩对网，两脚左右开立，约与肩同宽，两膝微屈上体稍前倾，重心落在两脚间；左手将球平稳抛送至体前，距身体约一臂远，离手高20～30厘米；在抛球的同时，右臂摆至体侧后下方，利用右脚蹬地向左转体的力量，带动右臂向前上方摆动，在腹前用全手掌、掌根或虎口击球的中下方（图3－14）。

图3－14　侧面下手发球

（七）勾手大力发球

勾手大力发球是采用勾手的形式，充分运用全身的爆发力，发出力量大、速度快、弧线低、旋转强的球的发球方法。

动作方法：身体侧向对网，两脚自然开立，左手或双手持球于胸前，将球抛在左肩前上方约一臂高度；抛球的同时，两脚弯曲，上体顺势向右倾斜，并稍向右转，右臂随之向右侧后方摆动，身体重心移向右脚；击球时，利用右脚蹬地、转体动作发力，带动右臂做直臂弧形挥动，同时身体重心由右脚移至左脚；手臂在伸直的最高点，在左肩的前上方以全手掌击球的中下部。击球时手指自然张开吻合球，手指、手腕做主动推压动作，使球产生强烈前旋飞行（图3-15）。

图3-15　勾手大力发球

为了加强勾手大力发球的攻击性，还可采用助跑勾手大力发球。

（八）侧旋球

按照发出的球在飞行时旋转的方向，侧旋球可分为左侧旋球和右侧旋球。

动作方法：准备姿势、抛球和手臂的挥动动作与正面上手发球相同。击球时，以全手掌击球的右（左）部，从右（左）向左（右）带腕，做旋内（外）的动作，使球向左（右）侧旋飞行。

（九）高吊球

这种发球弧度高，且旋转，可利用球体下落的速度和弧线造成接发球困难。由于它的弧度高，易受光线和风力的影响，故较适合在室外运用。

动作方法：右侧对网站立，两脚自然开立，右脚在前，身体重心落在右脚。两膝稍屈，上体微前倾。左手将球抛在脸前，使球在身前一臂远的地方落下。在抛球的同时，右臂向后摆动，然后借助蹬地展腹以右臂猛烈向上挥动，击球前，屈肘以加大前臂挥动速度，在腹前以虎口击球的下部偏左处，使球在旋转中高高上升。

二、发球的注意事项

发球的方法很多,但不管采用哪种发球方法,都必须注意以下 4 点。

1. 抛球稳

抛球是否稳是影响发球准确性的主要因素,每次抛的高度和距离都应基本稳定,忽高、忽低、忽近、忽远都会影响发球的准确性。

2. 击球准

以正确的手型击球的相应位置,才能使发出的球的性能与预期一致。

3. 手法正确

击球的手法不同,发出的球的性能也不同。只有采用正确的手法击球才能发出相应性能的球。

4. 用力适当

用力大小与发球站位的远近、击球弧度的高低、发出的球的性能、发球的落点密切相关。

三、发球技术的运用

发球时,应根据比赛中的具体情况,或需稳定,或需凶狠,或需找人、找区,或需控制发球落点,灵活地运用各种发球技术,力争用相应动作发出不同性能的球。

四、发球技术的教学与练习方法

(一) 教学顺序

发球技术的种类很多,动作难易程度差别也很大,教学时,应根据教学对象的不同水平和性别来选择教学内容以及确定教学的先后顺序。同时,应将发旋转球和发飘球技术的教学穿插进行,以便加深对发旋转球和发飘球技术动作的理解。

（二）教学步骤

（1）讲解：发球在比赛中的地位与作用；发球的动作方法；抛球、击球、手法三要素。
（2）示范：先做完整的发球动作示范，然后边讲解边做分解动作的示范，再做完整动作的示范。
（3）组织练习：徒手练习、结合球练习、结合球网练习、结合战术练习。
（4）纠正错误动作。

（三）练习方法

1. 徒手练习

（1）徒手抛球练习。
（2）徒手模仿发球，包括抛球、引臂、挥臂、击球等完整的连续动作。
（3）对固定目标做挥臂击球练习。

2. 结合球练习

（1）自抛练习，抛球高度和位置应符合发球动作的要求。
（2）结合抛球进行引臂和挥臂练习，完成抛球引臂与挥臂击球动作的配合。
（3）近距离地对墙发球练习，将抛球、挥臂、击球、用力等环节有机地衔接起来。
（4）两人一组，相距 9 米左右发球。

3. 结合球网练习

（1）近距离地隔网发球练习。
（2）站在端线向对区发球。
（3）站在端线左、中、右三个不同的位置向对区发球。
（4）站在距端线远、中、近不同距离的位置发球。

4. 结合战术练习

（1）把场地分成若干区，向指定区域内发球。

（2）向接发球站立的空当发球。

（3）向场地边、角处发球。

五、发球易犯错误及其纠正方法

发球易犯错误及其纠正方法如表 3-2 所示。

表 3-2　发球易犯错误及其纠正方法

	易犯错误	纠正方法
正面上手发球	击球点偏前或偏后	找一个高度位置合适的悬挂物，反复练习向上抛球；或设一圆圈，使垂直上抛的球进入圈内
	转体过大	击固定球，徒手练习挥臂动作
	没有推压带腕	对墙近距离发球，要求手包住球，使球前旋
	全身协调用力不好	上手抛羽毛球或实心球
勾手发飘球	抛球不准，偏高	一人立于高台上，一只手置于适当高度；另一人在下边抛球，抛球不得碰到高台上人的手
	弧线挥臂	讲明击球前手臂运动轨迹，击固定球
	击球点偏高或偏下	徒手练习挥臂。面对墙或网，利用墙或网的平面做挥臂练习
上手发飘球	击球不准或挥臂动作不固定	距墙 5~6 米，用掌根轻击球，进行徒手练习挥臂
	身体重心偏后，身体不协调	击球前，教师轻推发球者，使其体会向前跟进重心。做徒手挥臂向前跟进重心练习
跳发球	抛球偏前或偏后	练习抛球，使抛出的球适合自己的助跑起跳特点
	抛球与起跳配合不好	在后场区向对区自抛自扣

第四节　垫球技术教学训练

通过手臂或身体其他部位的迎击动作，使来球从垫击面上反弹出去的击球动作，称垫球。垫球是排球基本技术之一。随着排球运动的不断发展，垫球技术也不断发展和创新。20 世纪 50 年代，先后出现了虎口垫球、抱拳垫球和翘腕垫球技术；20 世纪 60 年代初期，由于飘球的盛行，出现了前臂垫球技术。随着垫球技术的不断发展与提高，垫球动作和击球手法越来越多样化、合理化。

垫球在排球比赛中占有重要的地位，主要用于接发球、接扣球和接拦回球，是防守和组织进攻的基础。接发球好，有利于打好接发球进攻，否则就会陷入被动或失分；接扣球好，有利于防守反击和组织进攻；接拦回球好，能使被动转为主动。因此，垫球是可以使比赛中多得分、少失分，由被动转为主动的重要技术，是稳定队伍情绪、鼓舞队员士气的重要手段。垫球还可以在无法运用传球技术进行二传时，用来组织进攻或处理球。

一、垫球技术的动作方法

垫球的动作方法主要有正面双手垫球、体侧垫球、背垫、挡球、跨步垫球、跪垫、让垫、滚翻垫球、前扑垫球、单手垫球、侧卧垫球、鱼跃垫球、铲球、脚垫球等。按用途可分为接发球、接扣球、接拦回球和接其他球。

（一）正面双手垫球

正面双手垫球是双手在腹前垫击来球的一种垫球方法，是各种垫球姿势的基础，是最基本的垫球方法，适用于接各种发球、扣球和拦回球，在困难时，也可以用来组织进攻。

1. 动作方法

正面双手垫球的基本手型有抱拳式、叠掌式和互靠式（图3-16），无论采用哪种手型都应注意手腕下压、两臂外翻。正面双手垫球按来球力量大小可分为垫轻球、垫中等力量来球和垫重球。

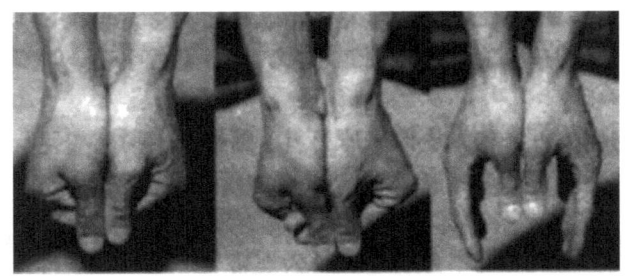

图3-16　正面双手垫球的基本手型

(1) 垫轻球

采用半蹲准备姿势，当球飞来时，双手成垫球手型，手腕下压，两臂外翻形成一个平面。当球飞到腹前一臂距离时，双臂加紧前伸，插到球下，向前上方蹬地抬臂，迎击来球，利用腕关节以上10厘米左右处的桡骨内侧平面击球的中下部，身体重心随击球动作前移，击球点保持在腹前（图3–17）。

图3–17 正面双手垫球

(2) 垫中等力量来球

动作方法与垫轻球相同。来球有一定力量，所以击球动作要小，速度要慢，手臂适当放松。

(3) 垫重球

要根据来球的高低和角度，采用半蹲或低蹲准备姿势。击球时含胸、收腹，帮助手臂随球屈肘后撤，并适当放松，以缓冲来球力量。在撤臂缓冲的同时，用前臂和手腕微小的动作控制垫球方向和角度。

2. 技术分析

（1）准备姿势的高低应根据来球的高低、角度以及腿部力量的大小来决定，在不影响快速启动的前提下，重心应适当降低，以利于双手插到球下，同时也便于低垫高挡。

（2）触球部位在腕关节以上10厘米左右的桡骨内侧平面，该处面积大而平，肌肉富有弹性，可适当缓冲来球力量，击球比较稳、准。

（3）击球点保持在腹前，以便控制用力大小、调整手臂击球角度和控制球的落点及方向。

（4）击球的用力方法和大小因来球力量、弧度的不同而变化。垫轻球时，主要靠手臂上抬力量，以增加反弹力，如果需要把球垫得较高、较远，那么在适当加大抬臂动作的同时，还要考虑蹬地及腰和提肩动作的协调配合；垫中等力量来球时，来球有一定的力量，所以迎击球的动作要小，速度要慢，主要靠来球本身的反弹力，以免弹力过大；垫重球时，由于来球速度快、力量大，不但不能用力击球，而且手臂要随球后撤，达到缓冲的目的。一般来说，垫球用力的大小应与来球力量成反比，同垫出球的距离和弧度成正比。来球弧度不同，垫球用力方法也不同：如果来球过高，垫球时可利用伸膝、蹬腿来提高身体重心，必要时还可稍稍跳起垫球，以保证正确的击球点；如果来球较低，可采用低蹲准备姿势垫球。

（5）手臂的角度因来球的弧度、旋转及垫球的目标和位置而变化。

①来球弧度高，垫球时手臂应当抬得平些；来球弧度低平，垫球时手臂与地面夹角应大些。这样才能使球以适当的弧度反弹飞向目标。

②垫球的目标在侧前面时，手臂的垫击面一定要适当地转向侧前方的垫球目标。

③来球带有较强旋转时，应调节手臂形成的平面，以抵消由旋转引起的摩擦。

3. 技术要点

手型，触球部位，击球点，协调用力。

（二）体侧垫球

体侧垫球简称侧垫，是在身体侧面垫球的一种垫球方法。其特点是控制面宽，但较难把握垫击的方向、弧度和落点。

1. 动作方法

以左侧垫球为例。右脚前脚掌内侧蹬地，左脚向左跨出一步，身体重心随即移至左脚，并保持左膝弯曲，两臂夹紧向左侧伸出，左臂高于右臂，右臂向下倾斜，击球时以向右转腰和收腹力量，配合两臂在体侧截击球的中下部（图3-18）。垫球时不应随球摆臂。

图 3-18 体侧垫球

2. 技术分析

（1）左脚向左侧跨出一步，是为了扩大控制面积，更接近球，采用近于正面垫球的方法垫击球，以便更好地控制球。

（2）左臂高于右臂，右臂向下倾斜，是为了使双臂组成的平面与水平面形成适当的角度，以便截击来球。

（3）垫球不随球摆臂，是为了保证侧垫动作稳定。

3. 技术要点

垫击面，转腰收腹。

（三）背垫

背对出球方向的垫球称背垫。背垫大多用于接应同伴垫飞的球或将球处理过网，其特点是垫击点较高。背垫时由于背对垫球方向，不便于观察目标和控制击球的方向、落点。

1. 动作方法

背垫时，首先判断来球的落点、方向和离网的距离，迅速移动到球的落点处,背对出球方向,两臂夹紧伸直、插到球下。击球时,蹬地、抬头、挺胸、展腹,直臂向后上方抬送击球(图3-19)。在垫低球时,也可利用屈肘、翘腕动作,以虎口处将球向后上方垫起。

图 3-19 背垫

2. 技术分析

(1)背对出球方向,则使背垫的方向准确。

(2)两臂夹紧伸直插到球下及蹬地、抬头、挺胸、展腹等,更便于向后的力击球。

(3)垫低球时的屈肘和翘腕也是便于向后的力击球。

3. 技术要点

击球点,抬头、挺胸、展腹,发力。

(四)挡球

来球较高,不便于用手臂垫击时,用双手或单手在胸部以上挡击来球的击球动作,称为挡球。双手挡球多用于挡击胸部以上力量大、速度快的来球,单手挡球多用于来球较高、力量较小、在头部上方或侧上方的来球。运用挡球可扩大控制范围,善于挡球的队员,防守时可前压,提高前区的防守效果。挡球可分为双手挡球和单手挡球两种。

1. 动作方法

(1)双手挡球

双手挡球手型有抱拳式和并掌式两种。抱拳式两肘弯曲,一手半握拳,另一手外包（图3-20）。并掌式两肘弯曲，两虎口交叉，两臂外侧朝前，双掌合并成勺形。挡球时手臂屈肘上举，肘部向前，手腕后仰，用双手手掌外侧和手掌掌根所组成的平面挡击球的中下部。击球瞬间手腕要紧张，用力要适度（图3-21）。

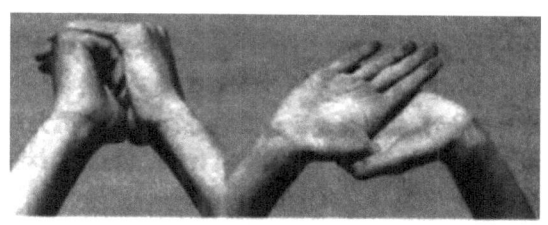

图3-20 双手挡球手型

图3-21 双手挡球

（2）单手挡球

挡球时，手臂屈肘上举，肘部向前，手腕后仰，用手掌掌根或拳心平面击球的中下部，击球瞬间手腕要紧张。如球较高，还可跳起挡球（图3-22）。

图3-22 单手挡球

2. 技术分析

（1）屈肘和手腕后仰是为了击球时能够根据来球的具体情况，加大或者缓冲来球的力量，以便更好地控制球。

（2）用双手掌外侧、手掌掌根或拳心面击球，是为了扩大与球的接触面，这样击球比较稳和准。

（3）挡击球的中下部，为的是使挡起的球有一定的高度。

3. 技术要点

手型，手腕紧张，击球部位。

（五）跨步垫球

向前或向侧跨出一步进行垫球的方法称为跨步垫球。跨步垫球适用于来球距身体1米左右，来球较低或速度较快来不及移动对正来球时采用。

动作方法：判断来球的落点，及时向前或向侧跨出一大步，屈膝制动，重心落在跨出腿上，上体前倾，两臂插入球下，垫击球的中下部（图3-23）。

图3-23　跨步垫球

（六）跪垫

跪垫适用于来球较低而远时。

动作方法：在低蹲准备姿势的基础上，向来球方向跨出一步，跨出腿的膝关节外展，后脚内侧和膝关节内侧着地，犹如半跪，取得稳定的支撑。上体尽量前倾、塌腰、塌肩、屈肘，使两臂贴近地面插入球下，用翘腕动作以及双手虎口部位将球垫起（图3-24）。

图3-24　跪垫

（七）让垫

让垫在来球弧度平、速度快、前冲追胸时使用。

动作方法：迅速向一侧跨出一步，跨出腿稍屈，上体向跨出腿让出，身体重心移至跨出腿上，让开身体的同时，用体侧垫球的方法，截住来球进行垫击。或者向侧后跨出一步，让开身体，使球飞向体侧，用体侧垫球的方法垫击来球（图3-25）。

图3-25 让垫

（八）滚翻垫球

当来球距身体较远而低，用跨步垫球不能触及来球时，可采用滚翻垫球。滚翻垫球的特点是，能够充分发挥移动的速度接近球，且控制范围较大，能够保护身体不受伤，并可迅速起立转入下一个动作。

动作方法：迅速向来球方向移动，跨出一大步，重心下降，上体前倾，使胸部贴近大腿，重心完全落在跨出腿上。双臂或单臂伸向来球，同时两脚用力向后蹬地，使身体向来球方向伸展，用前臂、虎口或者手腕部位击球的下部。击球后在身体失去平衡的情况下，顺势转体，依次用大腿外侧、臀部外侧、背部、肩部着地，同时低头、含胸、收腹、团身做后滚翻动作，并顺势迅速起立（图3-26）。

图 3-26　滚翻垫球

（九）前扑垫球

来不及向前跨步、移动去接近球时，可采用前扑垫球。前扑垫球主要用于防前方低而远的球。

动作方法：准备姿势要低，上体前倾，重心偏前，下肢用力蹬地，身体向前扑出，同时双肩或单肩插入球下，用前臂、虎口或者手背将球垫起。击球后，双手迅速撑地，两肘顺势弯曲缓冲，膝关节伸直以免触地，胸腹部着地（图 3-27）。

图 3-27 前扑垫球（一）

为扩大防守范围，垫击离身体更远的低球时，可用单手向前尽量伸展击球，用一只手臂屈肘撑地缓冲，胸腹部着地后继续向前滑动（图 3-28）。

图 3-28 前扑垫球（二）

（十）单手垫球

当来球较远、速度快、来不及或不方便用双手垫球时，可采用单手垫球。单手垫球的特点是动作快，垫击范围大，但触球面积小，不易控制。

动作方法：单手垫球可采用各种步法接近球，并可用虎口、半握拳、掌根、手背或前臂内侧击球（图 3-29）。

图 3-29 单手垫球

（十一）侧卧垫球

接侧向低而远的来球时，可采用侧卧垫球。

动作方法：击球前先向侧面跨出一大步，成深弓箭步，同时重心移至跨出腿上，并通过跨出腿用力蹬地，使上体向侧面伸展、腾出，击球手臂前伸，用双手或单手将球垫起，以体侧着地成侧卧姿势侧向滑动。

（十二）鱼跃垫球

若来球低而远，也可采用防守中难度较大的鱼跃垫球技术，其特点是跃得远，控制范围大，但动作难度也大。

动作方法：采用半蹲准备姿势，上体前倾，重心前移，向前做一两步助跑或原地用力蹬地，使身体向来球方向腾空跃出，手臂向前伸展，插到球下，用双手或单手击球的下部（图 3-30、图 3-31）。击球后，双手在体前身体重心运动的方向线上着地支撑，两肘缓慢弯曲，同时抬头、挺胸、展腹，两腿自然弯曲，使身体呈反弓形，以胸部、腹部、大腿依次着地。如前冲大时，可在两手着地支撑后，立即向后做推撑动作，使胸部、腹部着地后，贴着地面顺势向前滑行。

图 3-30 鱼跃垫球（一）

图 3-31　鱼跃垫球（二）

（十三）铲球

当来球低而突然，来不及使用双手垫球或其他形式的单手垫球时，可采用铲球。

铲球是用单手手背垫球。动作进行时，手掌贴地，犹如一把铲子向前运动，使球击在手背反弹而起。

（十四）脚垫球

当来球用手无法触及时，可采用脚垫球。脚垫球技术还处于探索阶段，尚未形成完整的技术动作。一般用脚面较为平整的部位，以适当的力量和角度触及球，使球弹起一定的高度。

二、垫球技术的运用

垫球技术在比赛中主要用于接发球、接扣（吊）球、接拦回球，以及在二传传球困难时，作为二传技术组织进攻。

由于来球的速度、弧度和线路不同，以及垫球的目的不同，在运用垫球技术时，应根据来球的性能和垫球的目的，选择不同的垫球技术。正面双手垫球是所有垫球技术中最常用的、最基本的垫球，应该尽可能地使用该项技术。即便是使用正面双手垫球，也应注意垫球的细微变化。如接击球点过低的大力发球时，可采用翘腕。当无法正确使用正面双手垫球时，可根据不同的来球选择垫球技术。比如，接快速下降的拦回球，可采用前扑、半跪或侧卧等姿势；在接较高的拦回球时，可采用双手或单手挡球；来不及用手垫或挡的球，可用上臂、肘部外侧或脚把球垫起。

垫球技术不论用于接发球、接扣球、接拦回球，或者组织进攻，都要求正面判断、取位适当、选择动作得当。

（一）接发球

接发球是比赛的重要环节，是组织战术进攻的基础，质量如何直接影响着进攻效果、心理变化和比赛结果。

接发球主要采用正面双手垫球，由于各种发球的性能不同，接发球的方法也有所不同。但不管采用何种方法，都要做好判断和准备。要判断准确，移动快速，对正来球，协调用力。在腹前用前臂击球，保持好手臂与地面的适度夹角。

1. 接一般飘球

一般飘球的特点是球速慢、轻度飘晃。接发球时，要判断好来球落点，迅速移动取位，并降低重心，待球开始下落时，将手臂插入球下垫起。

2. 接下沉飘球

下沉飘球的特点是球刚过网即突然减速下沉。接发球时，要判断好来球落点，迅速移动取位，采用低姿势垫球的方法将球垫起。

3. 接平冲飘球

平冲飘球的特点是速度快、弧度平、飘晃且平冲追胸。接发球时，身体要对正来球，升高身体重心，膝关节伸直，有时还可以轻微跳起，以保持击球点在腹前。如果来球较高，不适合于高位垫球，还可采用让垫。

4. 接大力发球

大力发球的特点是速度快、力量大、球旋转力强。接发球时，可采用半蹲或低蹲的准备姿势，对准球后手臂不动，让球自己弹起。如来球较低，可采用翘腕垫球。

5. 接跳发球

跳发球的特点是比大力发球的速度更快、力量更大，球的旋转力更强。接发球时，可采用半蹲准备姿势，对准来球，在击球的一瞬间收胸、收腹、后撤手臂，以缓冲来球力量。

6. 接侧发球

侧发球会向左或向右旋转飞行，接发球（如接左侧旋转）时对正来球后，身体要靠向右侧，右臂抬高，以免球反弹后向侧偏斜。

7. 接高吊球

高吊球发球的特点是飞行的弧度高，下降的速度快，有一定力量。接发球时，两臂要向前平伸，手臂肌肉要适当放松，等球落到胸腹间再垫击，击球点不宜过低，不必多加抬臂动作，让球向前上方自然反弹出去。

（二）接扣（吊）球

接扣球防守是反攻争取得分得权的基础，是从被动到主动的转折点，还具有鼓舞士气、激发斗志的作用。

接扣球要运用各种垫球姿势，一般采用上挡下垫。在垫击低球时，还可以用屈臂翘腕或铲球等动作进行垫击。接扣球时，要及早判断，迅速移动卡好位，做好正面的准备姿势，根据不同的来球采用不同的接球方法。

1. 接轻扣球和吊球

轻扣球和吊球的速度不快，力量小，但比较突然。因此，如能预料对方要轻扣或吊球，应及时跟进，将球垫起；如未能及时判断或来不及跟进时，可采用前扑或鱼跃垫球的方法。

2. 接快球

快球的特点是速度快、力量大、线路短、落点较为靠前。防守的关键是预先判断其进攻路线。一般要适当向前取位，重心要低，身体不要过于前倾，手臂也不宜太低，做好上挡下垫的准备，灵活运用单、双手。

3. 接强攻扣球

对方强攻时，在有前排队员拦网的情况下，防守取位应适当靠近后场，身体不宜过早深蹲，以免影响移动步伐。

4. 接拦网触手球

拦网触手的球往往会改变原来扣球的方向、线路和落点，因此接网边球时，要注意制动，不要触网或过中线犯规。接飞向后场的触手高球时，可采用挡球或跳起单手挡球。

（三）接拦回球

拦回球是指本方队员进攻被拦回的球，由于拦网水平的不断提高，拦回球的比例较以前有所增加。拦回球一般速度快、路线短，落点大多在扣球队员身后、两侧或进攻线附近。因此，缺位重点应该在前场，宜采用半蹲、低蹲准备姿势，上体基本保持正直，两手不宜太低，应置于胸前，以增加控制范围。接快速下降的拦回球，可采用前扑、半跪、侧倒等姿势，击球手法多样，尽可能用双手垫球。无论采用双手或单手，手臂都要伸到球的底部，贴近地面，从下向上击球。在身体附近且较高的拦回球，可用双手或单手将球挡起。来不及用手垫的球，可用上臂、肘部外侧或脚将球垫起。在击球动作上，要有明显的屈肘、抬臂或翘腕动作，尽量将球垫向2号位和3号位之间。

（四）接其他球

1. 垫二传

当一传来球低而远，来不及移动到球下做上手传球时，可进行垫击二传。垫二传一般采用正面双手垫球。击球前要降低重心，面向垫球方向，两臂平直插入球下。击球时，用下肢和身体的协调用力向上抬臂，击球的下部。这种垫球也叫抬垫。

2. 垫入网球

比赛中常有球失控飞入网内，因来球速度快、入网部位不同，反弹的方向、角度、速度、落点也不相同。一般落入网上半部的球，顺网下落的多；落入网中间的球，反弹也不远；只有落在网下半部的网绳附近的球，可以反弹起来。垫入网球时，要判断入网的方向和落点，然后迅速移动到落点上。侧身对网，降低重心，手臂插到球下，由低向上向外垫起。垫击时，应加大屈肘翘腕，增加起球高度。若是第三次击球，垫球时应有"兜球"动作，使球前旋，以便过网。

三、垫球技术的教学与练习方法

（一）教学顺序

正面垫球是一切垫球的基础。首先学习正面垫球，然后学习边方向垫球和移动垫球，侧垫和背垫可靠后安排。由于接发球和接扣球防守对垫球基本技术依赖性较强，只有在基本垫球方法掌握之后，方可进行接发球和接扣球教学。

（二）教学步骤

1. 正面垫球的教学步骤

（1）讲解：垫球在比赛中的应用范围与作用；正面双手垫球的动作方法及要领。

（2）示范：先做完整的垫球示范，建立正确的技术概念，然后做徒手或分解示范，边示范边讲解，再做正面和侧面的完整示范。

（3）组织练习：徒手练习、结合球练习、结合其他技术练习。

（4）纠正错误动作。

2. 接发球的教学步骤

（1）讲解：接发球在比赛中的地位与作用；接不同性能发球时的取位与动作要求；接发球站位阵型，各位置分工与配合及轮换方法；接发球站位的有关规则。

（2）示范：接发球教学常用挂板和真实场地演示，或者把两种方法结合起来演示5人接发球的位置与阵型。

（3）组织练习：一般性技术练习、专位练习、串联练习。

3. 接扣球的教学步骤

（1）讲解：接扣球在比赛中的重要性；接扣球的判断、准备姿势、移动及接不同扣球的动作方法；如何控制球的力量。

（2）示范：采用侧面示范的方法，使学生重点看击球前准备姿势、击球时手臂及身体动作。

（3）组织练习：一般性技术练习、专位练习、串联练习。

（三）练习方法

1. 正面垫球练习方法

（1）徒手模仿练习

①原地徒手模仿完整的垫球动作。

②随教师信号做多种移动步法后的徒手模仿垫球。

（2）垫击固定球练习

①一人持球固定在小腹前高度，另一人从准备姿势开始，做垫击模仿动作。

②将球置于垫球者手臂垫击处并轻轻地扶住，垫球者做垫球模仿练习。

（3）垫击抛来的球

①两人一组，相距 4~5 米，一抛一垫；或一人向另一人两侧 1.5 米处抛球，使其移动垫球。

②三人一组，两人抛球，一人垫球，抛垫相距 4~5 米。抛球两人侧向相距 3 米左右，径直向前抛球，另一人左右移动将球垫回。

（4）对垫

①两人一组，相距 4~5 米，连续对垫。

②两人一组，一人固定，一人移动。固定者把球垫向另一人两侧 1.5 米左右的地方，另一人移动将球垫回。

2. 接发球练习方法

（1）不隔网的接发球练习

①两人一组，相距 9 米以上，一人发球，另一人将球垫向指定位置。

②2~4 人一组，一人发球，其余人排队轮流接发球。

（2）隔网的接发球练习

①两人一组，一发一垫，将球垫到 2 号位和 3 号位之间。

②排球场纵向一分为二。三人一组，半场接发球练习，一人发、二人垫，将球垫到 2 号位和 3 号位之间。

（3）结合场上位置的接发球练习

①在场上指定位置或小区域进行接发球。
②加强配合，全场接发球。
③加强发球攻击性和性能变化，提高接发球难度。

3. 接扣球的练习方法

（1）一般性练习

①两人一组，一扣一防，要求扣球队员将球准确地扣到防守队员身前，防守队员体会接扣球的技术动作。
②三人一组做扣球—防守—调整传球练习，或做两扣一防练习。
③接教师从对区高台上扣来的球。

（2）结合位置练习

①三人一组，分别站在 1 号、5 号、6 号位置，接对方 2 号位、4 号位的扣球。要求把球垫到 2 号位和 3 号位之间。
②三人一组打垫调。一人在 2 号位和 3 号位之间，负责平网传球；一人在 4 号位或 2 号位，负责扣球；一人在后场负责防守垫球，要求防守垫向 2 号位和 3 号位之间，以便传球。
③四人一组打垫调。一人在 2 号位和 3 号位之间，负责向 2 号位和 4 号位平网传球；两人分别在 4 号位和 2 号位，负责扣球；一人在后场负责垫球，要求垫向 2 号位和 3 号位之间，以便传球。
④五人一组打垫调。一人在 2 号位和 3 号位之间，负责向 2 号位和 4 号位平网传球；两人分别在 4 号位和 2 号位，负责扣球；两人在后场 5 号位和 6 号位或 1 号位和 6 号位或 1 号位和 5 号位，负责垫球，要求垫向 2 号位和 3 号位之间，以便传球。
⑤2~4 人在教师指定的某个位置，轮流防守，垫教师扣来的球。
⑥接扣球单兵防守。一人在后场连续防守教师的扣球或吊球。

四、垫球易犯错误及其纠正方法

垫球易犯错误及其纠正方法如表 3-3 所示。

表 3-3 垫球易犯错误及其纠正方法

	易犯错误	纠正方法
垫球	击球时手臂并不拢、伸不直	两手手指交叉轻握，垫抛球、固定球或多做徒手模仿练习
	臀部后坐，全身用力不协调，主要用抬臂力量垫球	两手并拢用手绢绑住，臂与胸之间夹一球，然后垫抛球、接扣球、垫固定球
	垫球不抬臂；身体向上顶或向前冲	坐在凳子上垫抛来的球，教师用手置于垫球者头后顶上，给高度信号
	击球时上体后仰或耸肩	穿过网下垫球，讲清垫球时手要向下插的道理，击球后接着用手触地面

第五节 传球技术教学训练

传球是排球的基本技术之一，是利用手指、手腕的弹力和全身的协调力量将球传至一定目标的击球动作。由于手指、手腕灵活、感觉灵敏、双手控球面积较大，因而传球的准确性较高、传球的击球点较高。在传球瞬间，可用手腕的动作来改变传球的方向、线路和落点，变化比较灵活。

传球可以用双手，也可以用单手，但主要是用双手。单手传球往往在球过于近网或在网口附近时运用，以避免球直接飞向对区。

传球技术主要用于二传，衔接防守和进攻，为进攻创造条件，起着组织进攻的作用，是进攻的桥梁。传球也是各种技术串联的纽带，起着穿针引线的作用。传球技术也经常用来接发球，接对方的处理球、吊球和拦回的高球，从这一角度看，传球也是一项防守技术。传球还可用来吊球和处理球。

一、传球技术的动作方法

按照传球的方向，可把传球动作分为正面传球、背传、侧传、跳传。

（一）正面传球

面对出球方向的传球动作，称正面传球。正面传球是最基本的传球方法，是其他一切传球方法的基础。

1. 动作方法

正面传球一般采用稍蹲准备姿势，抬头看球，双手自然抬起，放松置于脸前。当来球接近额时，开始蹬地、伸膝、伸臂、两手微张经脸向前上方迎球。击球点在额前上方约一球距离处。两手自然张开成两个半球形，手腕稍后仰，两拇指相对成"一"字形或"八"字形（图 3-32），两手间有一定距离，用拇指、食指全部，中指的二、三指节触球的中下部，无名指和小指在球两侧辅助控制传球方向。两肘适当分开，两前臂之间约成 90°，传球时手指、手腕要适度紧张，运用弹力以及蹬地伸臂等身体协调力量将球传出（图 3-33）。

图 3-32 正面传球手型

图 3-33 正面传球

2. 技术分析

（1）由于传球的击球点较高，采用稍蹲准备姿势有利于快速移动。

（2）击球点一般在额前上方一球距离处，以便观察来球和传球目标，有利于控制传球的准确性，同时有利于伸臂击球。击球点过高，传球时肘部已经伸直会影响手臂的传球推送；击球点过低，将影响传球手臂的伸展用力，难以控制传球的准确性。

（3）两拇指相对成"一"字形或"八"字形传球，使手型与球体吻合，触球面积比较大，容易控制球，增加传球的准确性。同时，由于触球面积大，有利于缓冲来球力量。

（4）传球所需要的力量是由多种力量合成的，如伸腿蹬地的力量，伸臂的力量，手指、手腕的力量等，要根据来球的具体情况及传球的要求，采用不同的动作方法，运用不同的力量击球。

3. 技术要点

手型，击球点，协调用力。

（二）背传

背对传球目标的传球动作称背传。在比赛中，采用背传可以变换传球方向和路线，迷惑对方，组成多变的进攻配合。

1. 动作方法

身体背面对正传球目标，上体保持正直或稍后仰，身体重心在两脚之间，双手自然抬起，放松置于脸前。迎球时，抬上臂、挺胸、后仰上体。击球点保持在额上方，比正面传球稍高、稍后。触球时，手腕后仰并适当放松，掌心向上，击球的下部，手型与正面传球相同。背传要靠蹬地、展腹、抬臂、伸肘和手指、手腕的弹力，把球向后上方传出（图3-34）。

图3-34 背传

2. 技术分析

（1）传球前，上体保持正直或稍后仰，以利于蹬地、抬臂等动作向后用力，使球向后传出。

（2）击球点保持在额上方，比正面传球稍高、稍后，以利于向后用力。

3. 技术要点

准备姿势,击球点,用力。

(三) 侧传

身体侧对传球目标,将球向体侧方向传出的传球动作称侧传。二传队员背对球网时往往运用侧传,由于对方看不清二传侧传的出球路线,难以判断二传的方向,所以侧传有较大的隐蔽性。

1. 动作方法

准备姿势、迎球动作、手型与正面传球相同,击球点应偏向传球目标一侧,上体和手臂向传球方向伸展,传球方向异侧手臂的动作幅度、用力距离和动作速度要大于传球方向同侧手臂(图3-35)。

图3-35 侧传

2. 技术分析

(1) 击球点偏向传球目标一侧,有利于向该方向的侧向传球。

(2) 上体和手臂向传球方向伸展,传球方向异侧手臂的动作幅度、用力距离和动作速度要大于传球方向同侧手臂,有利于向侧向发力,并保持良好的手型向侧向传球。

3. 技术要点

击球点,用力方向。

（四）跳传

跳起在空中进行单、双手传球称跳传。跳传的击球点较高，能有效地缩短传球与扣球之间的时间间隔，使快攻更快。同时，跳传往往能与二传手的二次进攻联系在一起，使二传具有较大的迷惑性。当前，跳传在高水平的排球比赛中已被大量运用，有些优秀运动员已把跳传作为二传的主要传球方式。跳传可以正传、背传和侧传。

1. 动作方法

跳传的起跳动作，无论是原地起跳还是助跑起跳，最好都向上垂直起跳，保持好身体的平衡，当身体上升到最高点时，靠迅速伸臂以及指、腕的弹力将球传出（图3-36）。跳传的正传、背传和侧传，其传球手型、击球点分别与原地的正传、背传、侧传的手型和击球点基本相同。

图3-36　跳传

2. 技术分析

（1）跳传的起跳应垂直向上，以便保持身体的平衡，减少对传球准确性的影响。

（2）在身体上升到最高点时触球，才能有充分的时间来完成迎球、击球、送球的动作，否则将会导致击球乏力或动作失调。

（3）跳传应加大伸臂动作的幅度和速度，因为跳传时身体没有支撑点，无法借助蹬地的力量。

3. 技术要点

最高点触球，击球点，加大伸臂幅度。

二、传球技术的运用

传球技术在比赛中主要用于组织进攻，即用作二传。二传是从防守转入进攻的桥梁和纽带，二传的质量直接影响着进攻的质量和战术的发挥。二传质量好，可以弥补一传和防守的不足，还可以用假动作迷惑对方，达到助攻的目的。有时二传还可直接吊球，出其不意，攻其不备。二传质量不好，不能充分发挥扣球队员的作用和威力，不能保证战术配合的质量，不能组成最有效的进攻，往往造成被动挨打。传球还可以用来接发球、吊球以及第三次传球，即处理球。

（一）组织进攻

1. 顺网正面二传

顺网正面二传是二传中最简单、最常用的技术。传球动作与正面传球相似，区别在于顺网正面二传传球时，身体不宜面对来球，要适当地转向传球方向，尽可能保持正面传球，使球顺网飞行。如果来球角度较大，可偏对传球方向，将击球点适当地移向传球方向，边传球、边转体、边控制球，把球传向目标。当来球较高而且近网时，可采用跳传，在不能采用跳传的情况下，两膝伸直，两臂上伸，以提高传球点；如果来球较低，通常采用下蹲传球，由于身体姿势较低，难以运用下肢蹬地和身体协调伸展的力量，主要依靠手臂、手指、手腕动作来传球和控制球。正面传一般拉开球时，应充分利用下肢蹬地和全身的协调力量，并结合上肢的伴送动作。正面传集中球时，下肢伸展动作不宜过大，主要依靠伸肘动作和手指、手腕力量击球。

2. 调整二传

将一传不到位且离网不远的球传至便于进攻队员进攻的位置及高度，称调整二传。调整二传应根据球和扣球人的位置来确定传球的方向、弧度和距离，传球时，应充分利用蹬地、伸臂及手指、手腕的协调力量。传球方向与网的夹角越小越易扣球。传球目标越远，传球的弧度应越高。调整传球不宜拉太开，便于扣球队员观察和上步扣球。

3. 背向二传

背向二传可以利用球网全长，增加进攻机会和进攻点，并具有一定的隐蔽性和突然性。传球前，要先移动到球下，背对传球方向，利用球网等参照物确定自己的位置和传球方向，并利用"手感"控制传球角度、速度和落点。一般背传拉开高球，要充分利用挺胸、展腹和向上方提肩伸臂动作。如果来球较高，击球点比正传应稍向后一些；如果来球较平，击球点可适当前移；如果来球较低，应迅速移至球下，尽力保证准确的击球点。

4. 侧向二传

二传队员背对球网向两侧传球称侧向二传。这种传球适用于近网或平冲网的来球，可以增加进攻的隐蔽性和突然性，也可用于二传吊球。由于是侧向传球，难度较大，不宜控制球。

5. 跳二传

跳起在空中给进攻队员的传球称跳二传。这种传球过去主要用于传球网上沿高球和抢传即将飞过网的球。目前，许多强队为了加快进攻节奏，缩短进攻时间，有时会运用两次球进攻战术，大量地运用跳二传。

（1）跳起双手二传

跳起双手二传要掌握好起跳时间，在身体上升到最高点时传球，这样既可传高球，又可加快传球节奏，并有利于两次球进攻。

（2）跳起单手二传

在一传高而冲网，跳起后又无法运用双手二传时，可用单手二传。当来球接近网上沿时，二传队员侧身对网起跳，在空中最高点时，靠近网的手臂肘部弯曲上举，手腕后仰，掌心向上，五指适当收拢，构成一个小的半球形手型，用伸肘动作及手指、手腕力量将球向上传起（图3-37）。

跳起单手二传适用于传高球。一般是在被动的情况下用来组织简单快攻战术。当拉球过高时，单手传球只需要轻轻一"点"；如需要传高球时，上臂要适当下降，以增加上抬和伸臂的距离，手指、手腕的紧张程度也应大一些。

（3）晃传

跳起做扣球动作，突然改为二传把球传给同伴进攻，这种二传称晃传。晃传的助跑起跳要掌握时机，既要能扣，又要能传。起跳后，伴做扣球动作，展腹、屈小腿、提右臂等，然后改为传球。晃传有两种：一种是在空中做假动作后，面

图 3-37 跳起单手二传

对球网用侧传方法转移给同伴进攻；另一种是在空中先做扣球假动作，接着再转身使肩对网，将球正面跳传给同伴进攻。无论采用哪种晃传，传出的球均不宜过高，否则就失去晃传的掩护作用。

6. 倒地二传

在来球很低的情况下可采用倒地二传。倒地二传有后倒和侧倒两种。倒地二传不能勉强，如来球过低，运用倒地二传无法保证传球的准确性时，可采用垫二传。

（1）后倒传球

以全蹲姿势钻入球下，上体顺势后仰，身体重心移至后脚上，在身体瞬间平衡时将球传起。传球后，顺势倒地，团身后退后滚，并迅速站立。

（2）侧倒传球

向来球方向跨出一大步，降低重心，身体重心落在跨出腿上，钻入球下。当向前传球时，击球点保持在脸前；向侧后传球时，击球点在额侧前上方。在身体瞬间平衡时将球传出。传球后，身体顺势倒地，再快速收腿起立（图3-38）。

图 3-38 侧倒传球

7. 传快球

传出高度低、节奏快的二传球称传快球。传快球的难度较大，是一项较复杂的技术。二传队员应根据一传来球的弧度、速度、落点和扣球队员的助跑路线、上步速度、起跳时间、起跳点和手臂挥动的快慢以及弹跳高度等来决定相应的传球速度、高度和出手时间。传快球的关键是主动与扣球队员配合，具体方法有两种。一种是二传队员可以利用升高或降低击球点的方法来调整传球时间，如队员上步起跳较迟，可以有意降低击球点来推迟传球的时间；反之，可以升高击球点来加快节奏，使传球的速度与扣球队员的起跳在时间上匹配。另一种是二传队员可利用手指、手腕动作来控制传球的时间与速度，如扣球队员上步起跳稍迟时，手指、手腕可以有意放松，从而加长球在手上的缓冲时间，减慢传球速度；反之，则手指、手腕要适当紧张并加快传球出手的速度，以达到与扣球队员准确配合的目的。

传快球按其特点可分为三类，即传低快球、传平快球和传半高球。

（1）传低快球

传低快球主要包括传近体快球、背快球、调整快球、后排快球等，主要靠加大指腕的弹力和适当的伸肘动作来控制传球的力量，并适当提高击球点，以提高快攻节奏。由于球向上传，所以击球点不宜靠前。

①传近体快球。

当扣球队员做起跳动作时，二传队员开始手触球。传球时，击球点稍高，肘关节微屈，手腕后仰，指腕放松。当扣球队员跳起到空中最高点时，球也传到最高点。如来球较高而近网，则可采用双手跳传快球；如来球高而冲网，也可采用单手跳传快球。

②传背快球。

传背快球既有背传的特点，又有传近体快球的要求。背向传球不容易配合，故传球的弧度、高度应尽量固定，以便扣球队员主动适应。传球前，侧身对网站立，击球点保持在头上，手腕后仰，用手指、手腕动作，将球传向头后。当来球稍低时，可采用翻腕动作将球传出；如来球高而且又近网，可采用跳传背快球。

③传调整快球。

在一传不到位且距网稍远时，可传调整快球。传球前，迅速移动到球的落点上，上体稍向右转，击球点在右肩前上方，将球向网上沿传出，传到扣球队员的前上方合理的高度和位置。

④传后排快球。

二传队员可直接将球传给在进攻线以后起跳扣远网快球的队员，这种传球高度比近身快球稍高，距离要视后排队员的冲跳能力而定，一般距网 1～2 米，传球时可采用任何一种双手传球方法。

（2）传平快球

传平快球一般指传短平快球、平拉开球、背平快球和背飞球等。向前传各种平快球时，要适当降低击球点，注意伸肘和指腕的推压动作，以加快球的飞行速度和进攻节奏。向后传球时，要略有翻腕动作。

①传短平快球。

击球点保持在脸前，以便伸肘平推，使球快速向前平飞。为了加长球在网沿上空平飞的距离，加宽球区，可采用跳传短平快。二传与扣球的配合主要靠传球的速度来控制。

②传平拉开球。

二传队员在 2 号位和 3 号位之间向 4 号位标志杆处平传拉开快球，即为传平拉开球。这种传球速度快、弧度平、距离长、击球点多、攻击区域宽。传平拉开球的技术与传短平快球基本相同，但需要加速伸臂和指腕推压充分送球。当来球较低时，可利用后退蹬地、伸膝和收腹动作来加快伸臂速度；当来球较高时，可采用跳传。击球时，靠伸肘和主动加大手指、手腕力量把传球路线压平。

③传背平快球。

二传队员背向 2 号位，以网为参照物，凭方向感觉控制传球方向，凭手感控制传球弧度、速度和距离。传球时，要迎击来球的下部，利用抬臂、翻腕、展腹和挺胸动作，把球向后平传到 2 号位标志杆附近，传球速度和弧度要尽量固定，以便扣球队员主动适应。

④传背飞球。

传背飞球动作与传背平快球基本相同。传球的速度和距离要根据扣球队员的起跳时间和冲跳能力加以调节控制。传球前，做传近体快球的准备动作。传球时，突然抬肘、翻腕、挺胸、展体向后传出。如传单脚起跳背飞，则传球的速度和节奏都要加快。

（3）传半高球

传半高球主要包括传各种交叉、梯次、"夹塞"等的半高球，以及传"时间差""位置差""空间差"球等。

①传交叉半高球。

在前快和背快的基础上，将球向前或向后稍拉开并稍微传高，即可组成各种交叉进攻战术。传球时，击球点不变，稍加大指腕力量即可。

②传梯次球。

传梯次球的技术动作与传交叉半高球相仿，但传出的球应离网稍远，以便扣梯次球的队员进攻。

③传"夹塞"球。

在一名队员扣短平快上步起跳的同时，二传队员佯做传短平快球，但突然翻腕向上传半高球，把球传至扣短平快队员和二传队员之间。传球时，击球点可适当降低至脸部前。

④传"时间差"球。

在传近体快球的基础上，不改变任何动作，仅适当加大指、腕力量，将传快球变为传半高球，以便佯做扣快球的队员晃过对方拦网后，再做原地起跳扣半高球。

⑤传"位置差"球。

传球弧度稍高，为半高球，传球距离为佯跳地点旁约一步远。

⑥传"空间差"球。

传前飞时，二传队员佯做传短平快，但突然向上翻腕，将球传在身前近体快球的位置上，高度略高于近体快球。传背飞时，动作同传背快球，但突然向后翻腕，将球传在身后背平快球的位置上，高度略高于背平快球。距离可根据扣球人员起跳位置远近和扣、冲、跳能力而定。如果传单脚起跳的背飞球，传球的弧度可适当降低，距离可适当延长。

8. 二传假动作

二传队员利用身体动作和传球的技巧，制造假象，迷惑对方拦网，称二传假动作。这些动作要求做得逼真、隐蔽、快速。主要方法如下。

（1）改变常规击球点传球

如向前移动似要正传，但突然翻腕向后做背传球；向后移动似要背传，但突然压腕又向前传球等。

（2）用手臂假动作传球

二传队员利用两手在脸前向上伸臂的虚晃动作，佯做向前传球，但突然改为向后背传。

（3）利用头部假动作传球

如面向左侧，眼看左侧，示意从左侧进攻，但传球时突然向右侧传球；或传球前，先看右侧扣球队员和对方拦网情况，但在传球时，突然改为向左侧传球。

（4）利用上体倾、仰假动作传球

传球前，上体后仰，抬头挺胸，似做背传，但突然收腹，使身体前倾，改为向前传球；或上体前倾，两手前举，似向前传球，但突然挺胸展腹，上体后仰，做背传。

（5）利用转体假动作传球

如二传原面向 2 号位，传 1 号位来球，主动转体 180°，成面向 4 号位，似向 4 号位传球，但实际却把球仍背传给 2 号位。

（二）传球技术的其他运用

1. 一传

对来球过高的发球，来不及移动时，可采用正面上手传球来接发球；对对方处理过来的高球或本方拦起的高球，为保证一传准确到位，也可采用正面上手传球。传球时，根据来球力量适当控制指、腕的紧张程度，主动用力将球传给二传。有时还可直接组织二次球进攻，或者直接将球传入对方空当。

2. 二传吊球

二传吊球是二传队员进攻的一种手段。在对方没有防备的情况下，二传突然吊球，往往奏效。吊球时，可采用双手或单手。双手吊球时，以侧传吊球较好，动作隐蔽，比较突然。单手吊球时，手指并拢，轻拨球，使球落入对方空当。由于二传队员一般站在 2 号位和 3 号位之间，所以单手吊球以左手吊球为佳。

3. 第三传

当防守欠佳，无法阻止进攻时，可用传球方式把球击入对区空当。传球时，手指、手腕紧张，要有蹬地伸膝、伸臂和压腕动作，将球快速地传入对方场地。

三、传球技术的教学与练习方法

（一）教学顺序

首先安排正面传球教学，包括正确地掌握最基本的正面传球技术，再学习各种移动及改变来球方向的正面双手传球。在正面传球的教学中配合安排背传、侧传、跳传。调整传球要在掌握远距离传球的基础上进行。顺网二传是所有二传的基础，要有足够的练习时间，尽早安排，以便与其他技术串联。

（二）教学步骤

1. 传球教学步骤

（1）讲解：传球在比赛中的地位与作用；正面传球的动作方法和要领；其他传球的特点；各种传球方法的运用时机以及动作方法和要领。

（2）示范：先做完整动作的示范，建立正确的动作概念；然后进行分解动作的示范，手型和用力要分开讲解与示范；再做完整动作示范。

（3）组织练习：徒手练习、结合球练习。

（4）纠正错误动作。

2. 顺网二传教学步骤

（1）讲解：顺网二传在比赛中的重要性；顺网二传的判断、步法和动作方法，对不同球的处理。

（2）示范：顺网二传主要采用侧面示范，使学生看清楚二传的移动、传球动作、球飞行的方向、弧度及落点。

（3）组织练习：一般性二传练习、与接发球串联练习、与防守串联练习。

（三）练习方法

1. 正面传球的练习方法

（1）徒手模仿练习

①成两列横队，随教师口令做徒手传球练习。

②自然站立，做传球正确手型，反复做传球时手指、手腕的模仿动作。

③两人一组，一人做徒手传球练习，另一人纠正错误动作。

（2）结合球练习

①每人一球，向自己头顶上方抛球，然后用传球手型接住，自我检查手型。

②连续自传，传球高度不低于 50 厘米，传球时力争少移动。

③距墙 50 厘米，对墙连续传球，以建立正确的手型概念，体会手指、手腕的发力。

④两人一组，相距 3~4 米，传对方抛到额前的球。

⑤两人一组，相距 3~4 米，对传。

⑥三人三角传球。

⑦移动传球。

2. 顺网二传的练习方法

（1）一般性二传练习

①教师在 6 号位或 5 号位向 3 号位抛球，学生在 3 号位向 4 号位或 2 号位传不同高度和弧度的球。

②在 3 号位自抛球，做向 2 号位或 4 号位的一般二传。

③教师在 6 号位抛球，学生从 1 号位插上，向 2 号位、3 号位、4 号位传不同弧度和高度的球。

（2）与一传串联练习

① 6 号位队员将对区抛来的球垫到 3 号位，3 号位队员向前排各个位置传球。

②队员从后排插上，将 6 号位队员垫到 2 号位和 3 号位之间的球传向前排各个位置。

③ 5 人接发球，将球垫到 2 号位和 3 号位之间，二传将球传向前排各个位置。
④ 同上方法，做插上二传，组织各种进攻。

（3）与防守串联练习

① 3 号位队员向 5 号位扣球，5 号位队员再把球垫回 3 号位，3 号位队员向各个位置传球组织进攻。

② 2 号位队员拦对区 4 号位扣球，5 号位队员防守；拦网后立即转身做二传，传防起的或教师抛来的球。

③ 3 号位队员将后排抛球传向 4 号位，4 号位队员扣球，3 号位队员立即保护。

④ 1 号位队员插上向 4 号位传球后，立即后撤，1 号位队员进行防守，接本区 4 号位扣来的球。

四、传球易犯错误及其纠正方法

传球易犯错误及其纠正方法如表 3-4 所示。

表 3-4 传球易犯错误及其纠正方法

	易犯错误	纠正方法
正面传球	手型不正确，形不成半球状	一抛一接轻实心球或自抛自接，接住后自我检查手型。距墙 40 厘米左右连续传球，并不断检查和纠正手型
	击球点过前或过高	击球点过前时多做自传，击球点过高时多做平传或平传转自传
	传球时臀部后坐，用不上蹬地力量	讲解协调用力的重要性；一人手压球，传球队员做传球模仿练习
	传球时上体后仰	两人对传，一传出球，立即用双手触及地面
	传球时有推压或拍打动作	多做原地自传或对墙传球，增加指腕力量，体会触球感觉
背传	背传翻腕太大，身体过多后仰	自传中穿插背传。距墙 3 米，自抛自做背传，近距离背传过网
侧传	侧传时身体侧倒太大	3 人三角传球，有意练侧传
跳传	起跳过早或过晚	跳起接抛球，体会空中时间

第六节　扣球技术教学训练

扣球是排球基本技术之一，是跳起在空中将高于球网上沿的球有力地击入对区的一种击球方法。

随着排球运动的发展，扣球技术也在不断提高和创新。20 世纪 50 年代，一般采用正面扣球、屈体扣球和勾手扣球，在快球中，采用近体快球和半快球；60 年代，我国创造了平拉开扣球技术；70 年代出现了短平快、背平快、时间差、位置差等扣球技术，之后我国又创造了空间差扣球技术，如前飞、背飞、拉三、拉四等，以及单脚起跳扣快球和快抹技术。20 世纪 70 年代以前，大多采用前排扣球，70 年代后期，出现了后排扣球技术，并在 80 年代得到了很大的发展。现代排球进攻充分利用了网长与纵深，组成了前排与后排、拉开与集中、强攻与快攻、单人与多人的立体进攻。

扣球在比赛中占有重要的位置，是得分的主要手段，是进攻中最积极有效的武器，是摆脱被动、争取主动的途径，是攻击力的表现。扣球的成败，体现着队伍的战术质量和效果，是夺取胜利的关键。扣球效果好，可以鼓舞全队士气，振奋精神，从而挫败对方的锐气，给对方造成强大的心理压力。

一、扣球技术的动作方法

扣球技术主要有正面扣球、单脚起跳扣球和双脚冲跳扣球等。按照扣球的节奏可分为强攻和快攻，按照扣球起跳的区域可分为前排扣球和后排扣球。

（一）正面扣球

正面扣球是最基本的扣球技术，其他扣球技术都是在此基础上发展和派生出来的。由于面对球网，便于观察来球和对方的防守布局，因此击球准确性较高；挥臂动作灵活，能根据对方拦网和防守情况随时改变扣球线路和力量，能控制击球落点，因而进攻效果好。现以扣一般高球为例介绍。

1. 动作方法

扣球助跑前，采用稍蹲准备姿势，两臂自然下垂，站在离球网 3 米左右处，观察判断，做好向各个方向助跑起跳的准备。助跑时（以右手扣球两步助跑为例），左脚先向前迈出一小步，接着右脚迅速跨出一大步，左脚及时并上，踏在右脚之前，两脚尖稍向内转，准备起跳。在助跑跨出最后一步的同时，两臂绕体侧向后弓。在左脚踏地制动的过程中，两臂自后向前积极摆动。随着双腿蹬地向上起跳，两臂快速上摆，配合起跳。两腿从弯曲制动的最低点猛力蹬地向上起跳。跳起后，挺胸展腹，上体稍向右转，右臂向后上方抬起，身体呈弓形。挥臂时，以迅速转体、收腹动作发力，依次带动肩、肘、腕各部位以鞭打动作向前上方挥动（图 3-39）。击球时，五指微张呈勺形，并保持紧张，全手掌包满球，以掌心为击球中心，击球的中部；同时主动用力屈腕向前推压，使扣出的球加速前旋。落地时，前脚掌先着地，同时顺势屈膝、收腹，以缓冲下落力量。

图 3-39 扣球挥臂

在总体掌握了动作方法后，还应注意以下几点。

助跑的时机取决于二传传球的高度、速度以及扣球队员的个人动作特点。二传传球低时，助跑启动要早些，球高则要晚些。动作慢的队员可早些启动，动作快的队员则可晚些启动。助跑步法有一步、二步、多步、原地垫步等。一步助跑法适用于扣球队员距球较近时采用，以右手扣球为例，助跑前，两脚前后开立，左脚在前；助跑时，右脚向前跨出一步，左脚迅速并上，立即起跳。两步助跑时，第一步要小，便于寻找和对正上步的方向，使静止的身体获得向前的速度；第二步要大，便于接近来球，同时使身体后仰，便于制动。第二步脚跟先着地，以利于制动。凡采用两步以上的助跑，即多步助跑，最后一步要大些。助跑节奏应先慢后快。一传垫起后，就可以开始缓慢地移动，然后根据二传的情况逐步加快步伐以寻找起跳时机和地点。有时也可加快助跑节奏，以争取时间和空间。有时助跑的路线应根据传球的落点来决定。以 4 号位扣球为例，扣集中球时，应采用斜线助跑；扣一般球时，应采用直线助跑；扣拉开球时，则应采用外绕助跑（图 3-40）。助跑过程中，身体重心应平稳下

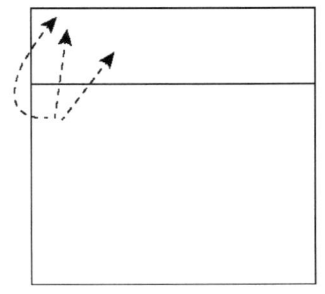

图 3-40 扣球助跑路线（4 号位）

降,减小起伏,以提高助跑的速度和减少能量的损耗。助跑制动方法有三种:第一种是由脚跟着地过渡到全脚掌蹬地起跳,这种方法幅度大,制动力强,有利于增加起跳高度;第二种是由前脚掌着地迅速蹬地起跳,擅长快攻的队员运用较多;第三种是由全脚掌着地蹬地起跳,这种方法站立平稳,但使用较少。

起跳点应距球一臂距离。起跳时机一般选择在二传出手后,球高时,起跳要稍晚些;反之则起跳稍早些。起跳方法有并步法和跨步法两种。并步法即一脚跨出后,另一脚迅速向前并步,落于该脚之前,随即蹬地起跳。这种起跳方法适应性强,能调整起跳时间,现在大多数运动员都采用这种起跳方法。跨步法即一脚跨出的同时,另一脚也跨出去,两脚几乎同时着地和蹬地。这种起跳方法可利用人体下落时的重力加速度,增大下蹲时腿部肌肉的张力,增加弹跳高度,但不便加快助跑速度,影响起跳节奏。起跳的高度与起跳前膝、踝和髋关节的弯曲程度有关,在一定范围内,弯曲的程度越大,越有利于提高起跳高度。下肢各关节的弯曲程度与个人的腿部力量和腰腹力量有关。腿部和腰腹力量大的运动员,下蹲可深些;腿部和腰腹力量小的运动员,下蹲可浅些。起跳的高度与摆臂的速度也有很大关系,摆臂速度越快,越有利于提高起跳高度。摆臂的方法有两种:一种是划弧摆,即两臂经体侧向身体的侧下方,随之又向前上方摆动,这种摆动有利于调整起跳时间;另一种是前后摆,两臂由体前向后摆动,再由后向前上方摆动,这种方法摆臂距离长、幅度大、速度快,有利于提高起跳高度,但不便于急速起跳。

2. 技术分析

(1) 助跑的目的是为了接近球和选择适宜的起跳地点,同时起到增加弹跳高度的作用。

(2) 起跳的目的不仅是为获得高度,也是为了选择适当的扣球时机和击球位置。

(3) 起跳后,身体呈反弓形,便于击球时与上肢做相向运动,加大挥臂距离和挥臂速度,使扣出的球更有力量。

(4) 击球时,由腰腹发力,上肢各关节做鞭打动作,以利于全身用力并集中于手上,加大击球力量。

(5) 挥臂初期屈臂,可以缩短以肩为轴的转动半径,提高转动的角速度,随之伸肘,以加大挥臂时击球手的线速度,加大扣球力量。

(6) 击球点在跳起的最高点和手臂伸直最高点前上方,能够充分利用水平和垂直空间,扩大进攻范围,增加扣球线路和角度变化的可能性。

3. 技术要点

助跑起跳时机，人与球的位置，上肢鞭打，全掌包击，屈腕。

（二）单脚起跳扣球

单脚起跳扣球是指助跑时，一只脚落地后另一只脚不再向前踏地而直接向上摆动帮助起跳的一种扣球方法。单脚起跳下蹲较浅，无明显的制动过程，故比双脚起跳速度更快，且因起跳时缺乏制动力量而冲力较大，能在空中移动，网上控制面积更大，具有很大的突然性。有时在来不及用双脚起跳扣球时也采用单脚起跳的方法。

1. 动作方法

采用与球网成小夹角或顺网的一步、两步或多步的助跑。助跑后，左脚跨出一大步，上体后倾，在右腿向前上方摆动的同时，左脚迅速蹬地起跳，两臂配合摆动，帮助起跳，跳起后扣球动作与正面扣球动作相同。

2. 技术分析

（1）助跑路线与网成小夹角或平行于网，以免前冲力过大造成触网或过中线犯规。

（2）起跳时，右腿摆动的作用与摆臂的作用相同，能够增大左脚蹬地的力量，有助于提高弹跳高度。

3. 技术要点

助跑路线，摆动腿。

（三）双脚冲跳扣球

冲跳扣球是指队员助跑后，向前上方起跳，而且在空中有一段位移，在空中移动过程中完成击球动作的一种扣球方法。其在后排进攻和空间差进攻中运用较多。

1. 动作方法

采用两步助跑的方法，第二步的步幅要小于一般正面扣球的第二步步幅。踏跳过程中，双脚向后下方蹬地，使身体向前上方腾起，在空中抬头、挺胸、展腹，形成背弓，击球时快速收腹、挥臂，并以手腕推压，击球的中后部。

2. 技术分析

（1）助跑第二步稍小，避免身体后仰，减小制动力，便于双脚向后下方蹬地。

（2）双脚向后下方蹬地，是为了使身体获得一个向前上方的速度，以便既能跳起一定高度，又能向前飞行一段位移。

3. 技术要点

助跑步幅，蹬地方向，收腹发力，手腕推压。

二、扣球技术的运用

（一）扣近网球

距球网 50 厘米左右的扣球称扣近网球。扣近网球时，要上下垂直起跳，以免前冲力过大造成触网或过中线犯规。起跳后，主要利用收胸动作发力，以肩为轴，向前上方挥臂，以全手掌击球的中上部。击球后，手臂要顺势收回，以防止手触网。扣近网球时，击球点高、路线变化多、威力大，但易被拦网。近年来，在高水平比赛中，扣近网球已越来越少。

（二）扣远网球

距球网 2 米以外的扣球通常称扣远网球。扣远网球时，起跳后击球点要保持在右肩前上方的最高点，用全手掌击球的中部，击球瞬间手腕要有明显的推压动作，使球呈前旋飞出。这种扣球力量大、角度较平，对方不易拦网。在高水平比赛中，扣远网球已成为进攻的主要手段。

（三）扣调整球

扣由后场调整至网前的球称扣调整球。扣调整球难度较大，要求扣球队员能适应来自后场不同方向、角度、弧度、速度和落点的球，以灵活的步法和空中动作,及时调整好人、球、网的关系,运用不同手法,控制扣球力量、方向、线路和落点。在助跑时,可边助跑边看球。对小角度二传来球,要后撤斜向助跑;对大角度二传来球,可采用外绕助跑。

(四)扣快球

扣快球是指扣球队员在二传队员传球前或传球的同时起跳,把球扣入对方场区的一种扣球方法。这种扣球速度快、时间短、突然性强、牵制性大,能在时间上和空间上争取主动。扣快球可分为扣近体快、背快、短平快、背短平快、背平快、平拉开、半快、调整快、远网快、后排快和单脚快球。不管扣哪种快球,都应注意:第一,助跑的步伐要轻松、快速、灵活、有节奏;起跳时下蹲要浅,起跳快,起跳时间准确;第二,击球时,上体动作和挥臂动作幅度要小,主要利用前臂和手腕加速甩动击球,挥臂的时间要略早,使球到时正好扣击;第三,要主动加强与二传队员的配合。

1. 扣近体快球

在二传队员体前或体侧50厘米左右扣出的快球,统称为扣近体快球。近体快球的传球距离短,所以球速度快,节奏快,通过与队友配合也有很强的掩护作用。扣近体快球时,应随一传队员助跑到网前,当二传队员传球时,扣球队员在其体前或体侧近网处迅速起跳,起跳后要快速挥臂,将刚刚传出网带的球扣入对方场区。击球时,利用收胸动作带动前臂和手腕迅速鞭打甩动,以全手掌击球的中上部。

2. 扣背快球

在二传队员背后约50厘米处扣的快球,称扣背快球。这种扣球与扣近体快球的打法相同,所不同的是二传队员看不见扣球队员的动作,这需要扣球队员主动配合去适应二传队员。

3. 扣短平快球

在二传队员体前2米左右处,扣二传队员传过来的高速平快球,称扣短平快球。这种扣球传球速度快,所以进攻的节奏快;二传弧度平,进攻区域宽,有利于避开拦网。扣短平快球一般采用外绕或小于45°助跑,在二传队员传球的同时起跳并挥臂截击平飞过来的球,扣球手法与扣近体快球相同,还可根据对方拦网的位置提前或错后击球。

4. 扣背短平快球

在二传队员背后约 1.5 米处扣背传过来的高速平快球，称扣背短平快球。其打法与扣短平快球一样。由于二传队员看不见扣球队员动作，所以扣球队员应主动适应二传队员传来的球。

5. 扣背平快球

扣球队员在二传队员背后 2 米左右处，扣背传过来的快速平快球，称扣背平快球，也称背溜。扣背平快球的打法与扣背短平快球一样。

6. 扣平拉开快球

在 4 号位标志杆附近扣二传队员从约五六米处传来的快速平快球，称扣平拉开快球。其特点是能有效地利用网长及进攻区域宽度争取有利的时间和空间，摆脱对方拦网。在二传队员传球前，4 号位队员就要开始进行外绕助跑，待二传出手后，扣球队员在标志杆附近起跳，截击来球。扣球动作与短平快球相同，但不应提前挥臂，要看准来球后再挥臂击球。

7. 扣半快球

在二传队员附近起跳，扣超出网上沿两个半球高度的球，称扣半快球，也称扣半高球或"二点五快球"。优秀的运动员由于身高、弹跳高度的缘故，半快球比两个半球高度要高。半快球击球点较高，有利于看清拦网队员的手和对方的防守布局，易运用各种避开拦网的扣球手法。半快球在二传出手后再起跳，击球动作与扣近网球动作相同。

8. 扣调整快球

一传不到位，二传队员把球调整到网口进行快速进攻，称扣调整快球。这种扣球可以扩大进攻范围，增加进攻的突然性，但传扣的难度较大，对起跳的时间和地点的配合要求较高。扣调整快球要根据二传队员的位置和传球方向，选择好助跑的角度、路线和起跳时间，在助跑中边观察边判断，助跑路线宜与网成小角度，并力争保持在与二传球飞行路线形成交叉点处起跳。起跳时，左肩斜对网，右臂随来球顺势向前挥动追击球，在球飞至网口时，手腕迅速推压将球击入对区。

9. 扣远网快球

扣二传队员传出的距网 1 米左右纵深上空的快速低弧度球为扣远网快球。这种扣球可以扩大进攻范围，改变进攻节奏，增加进攻性的突然性。扣远网快球的助跑最后一步不宜过大，以便利用向前冲跳使身体有一个略向前的飞行。扣远网球的起跳位置一般距网 2 米以外。扣球时，利用收胸、收腹动作带动手臂和手腕向前甩动，在头的前上方以全手掌击球的中上部，使球呈前旋过网。

10. 扣后排快球

在进攻线后起跳扣的快球为扣后排快球，一般由后排队员进行扣杀。扣球队员大都在进攻线后冲跳，扣距网 2 米左右的低快球。击球时，以全掌击球的中部，手腕要有推压动作，使球呈前旋过网。

11. 扣单脚快球

扣单脚快球的助跑起跳方式与单脚起跳扣高球相同，但助跑起跳的速度和击球动作的节奏都比单脚起跳扣高球快，故不能提前起跳。由于单脚起跳的助跑速度快，起跳容易前冲，因此起跳点要离二传队员稍远，助跑的路线与网的夹角要小，注意落地动作，防止与二传队员相撞或过中线犯规。单脚起跳快球可以打单脚前快，即近体快球；可以从 3 号位向二传背后助跑打单脚背快；也可从 4 号位与网成小角度助跑至 3 号位和 4 号位之间打单脚短平快。

（五）自我掩护扣球

用伴扣各种快球的假动作来掩护自己实扣的半高球进攻都叫自我掩护扣球，可分为时间差、位置差和空间差三大类。

1. 时间差扣球

利用起跳时间的差异迷惑对方拦网的扣球，为时间差扣球。这种扣球可用于近体快、背快、短平快等扣球。扣球时，以快球的助跑、摆臂节奏伴做起跳，诱使对方起跳拦网。待对方拦网队员下落时，扣球队员立即原地起跳扣半高球。

2. 位置差扣球

利用与对方拦网队员在起跳位置上的差异摆脱拦网的扣球，为位置差扣球。

扣球队员在助跑后佯做起跳，待对方队员起跳拦网时，扣球队员突然向体侧跨出一步，错开拦网者的位置，用双脚或单脚起跳扣球。位置差扣球的变化很多，如短平快向3号位错位扣、近体快向2号位错位扣背传半高球，近体快向3号位错位扣慢速的短平快等。不管采用哪种错位扣球，都应注意以下两点：第一，按原来各种快球的时间助跑、踏跳下蹲、制动和摆臂，佯扣动作要逼真；第二，变向跨步起跳时，动作应连贯，摆臂幅度应小，速度应快。

3. 空间差扣球

利用顺网向前冲跳技术，使身体在空中有段位移过程，将起跳点和击球点错开的扣球，为空间差扣球，又称空中移位扣球。这是我国运动员创造的一种自我掩护快攻技术。这种扣球不仅速度快，而且掩护作用强。目前常用的空间差扣球有前飞、背飞、拉三、拉四等。

（1）前飞

佯扣短平快，突然向前冲跳，"飞"到二传队员身前扣半高球为前飞。前飞的助跑路线与网夹角很小（有时可顺网助跑），击球时，利用向左转体和收胸动作带动手臂挥动击球。

单脚起跳进行前飞扣球时，助跑的最后一步跨出左腿，步幅不宜过大，左脚蹬地的同时，右腿和双臂配合向前上方摆动，使身体向前上方冲跳。击球时，上体左转带动手臂挥动击球。击球后，双脚同时落地，以缓冲下落力量。

（2）背飞

佯扣近体快球，突然向前冲跳，"飞"到二传队员背后1~1.5米处扣背传的平球为背飞。背飞的动作方法同前飞，但起跳点在二传队员的体侧，击球时人在空中追球（人与球同向飞行）。背飞击球区域较宽，不受二传站位限制，可选择有利的突破口。背飞是扣球队员由3号位飞行到2号位标志杆附近击球，故做转体扣球较多。

（3）拉三

按扣近体快球助跑，二传队员将球向3号位传得稍拉开，扣球队员侧身向左起跳追扣快球，为拉三。

（4）拉四

在扣短平快球的位置上起跳，二传队员传比短平快稍拉开的球，扣球队员侧身向左跳起追扣，为拉四。动作方法与拉三基本相同。

三、扣球技术的变化

扣球队员无论采用正面扣球、单脚起跳扣球，还是冲跳扣球，都可以通过身体、手臂、手腕以及手指的动作变化打出不同路线、速度、落点和击球点的球，造成对方拦网和后排防守的困难，这就是扣球技术的变化。

（一）转体扣球

通过改变上体原来方向而改变扣球路线的扣球，为转体扣球。转体扣球与正面扣球动作大致相似。不同的是，转体扣球将击球点保持在左侧前上方（以向左转体扣球为例），击球时，利用向左转体和收腹的动作，带动手臂向左挥动，以全手掌击球的右上部来改变扣球方向。

（二）转腕扣球

通过转腕动作改变扣球路线的扣球，为转腕扣球。这种扣球虽然力量不大，但路线变化大，易避开对方拦网。转腕扣球一般有两种方法。

1. 向外转腕

主要运用于3号位向右转腕扣球和4号位做小斜线扣球。起跳与正面扣球相同。击球时，右肩向上提并稍向右转，手腕向右甩动，以全手掌击球左上部。

2. 向内转腕

主要运用于2号位面对直线而打小斜线，以及在3号位向左转腕扣球。击球时，击球点应保持在左前上方，手腕向左甩动，全手掌击球的右上部。击球后肘关节可以稍屈。

（三）打手出界

打手出界是指扣球队员有意识地使球触击拦网队员的手后飞向场外的一种扣球方法。一般在二传近网、落点在标志杆附近时运用较多。如扣拉开至4号位标志杆附近的近网球时，扣球队员在击球瞬间手腕迅速内转，击球的右侧上部，使球触拦网者手后飞出界外；2号位扣打手出界球与4号位相反，手腕迅速外转，击球的左侧上部；3号位扣打手出界球利用转体或转腕扣球，对准拦网者的外侧手掌，向两侧挥臂击球，造成打手出界；打远网球的打手出界球时，如对准拦网者外侧手的外侧部击球，也能收到良好效果；打拦网者的手指尖出界球时，要对准对方的手指尖击球，向远处平击，使球打手后向端线界外飞出。

（四）超手扣球

超手扣球是扣球队员利用自己的身高和弹跳优势，将球从拦网者手的上空击入对方场区的一种扣球打法。这种扣球力量不大，路线较长。扣球时应充分利用助跑起跳，保持好击球位置。击球时，利用收胸动作带动手臂挥动，肩尽量上提，手臂充分伸直，以提高击球点。在右肩前上方，以全手掌击球的中上部，使球从拦网者手的上面呈前旋长线飞出。

（五）扣轻球

扣轻球是扣球队员佯做大力扣球，但在击球瞬间突然减慢手臂挥动速度，将球轻打在对方空当的一种扣球方法。这种扣球的助跑、起跳、挥臂动作与大力扣球一样，但在击球前，手臂挥动速度突然减慢，手腕放松，以全手掌包满球，轻轻向前上方推搓，使球从拦网者手的上空呈弧线落入对方场区空当。轻扣最好在拦网者下落时采用。

（六）吊球

吊球是扣球的一种变化形式。它是扣球队员以轻巧、灵活的动作，把球吊入对方空当的一种进攻方法。吊球是进攻的一种辅助手段。扣球队员起跳后，佯做扣球，突然改变挥臂扣球的动作，单手将球从拦网者手的上方或侧方吊入对方场区空当。

四、扣球技术的教学与练习方法

（一）教学顺序

扣球技术动作结构复杂，教学难度大，需要抓住两个关键环节，即挥臂击球动作和助跑起跳的节奏。扣球技术的教学顺序是：4号位扣一般高球，2号位扣一般弧度球，3号位扣快球。教快球时，首先教近体快球、短平快球，然后安排扣其他球技术的教学。

（二）教学步骤

（1）讲解：扣球在比赛中的重要地位；正面扣球的动作方法和要领。

（2）示范：正面扣球技术应先做完整示范，形成扣球的完整动作概念，再做分解示范，明确每一部分动作的细节。教学时应采用先分解再完整的教学方法，分解教学的目的是掌握正面扣球的助跑起跳和挥臂击球动作，完整动作的教学是为了解决各种技术环节的衔接，保证整个动作的连贯性和节奏性。

（3）组织练习：分解的挥臂击球和助跑起跳练习；扣定点球练习；扣抛球练习；扣一般弧度球练习；与其他技术串联练习；扣各种快球练习。

（4）纠正错误动作。

（三）练习方法

1. 挥臂击球和助跑起跳练习

（1）集体徒手挥臂练习。

（2）学生成横队散开，按照教师的口令做原地起跳、一步助跑起跳、两步助跑起跳；可以轻微腾空，注意动作协调性。

（3）网前助跑起跳练习。学生成横队列于进攻线后，听口令一起做两步助跑起跳。

（4）两人一组，一人手持球高举做固定球，另一人扣该固定球。

（5）面对墙站立，手持一垒球，做正面扣球挥臂动作，将球甩出。

（6）自抛自扣。原地对墙自抛自扣或自抛跳起扣球。

（7）距墙 3～4 米，连续对墙扣反弹球。

（8）两人一组，相距 7～9 米，相互自抛自扣。

2. 扣定点球练习

（1）将两头系有橡皮筋的球固定在适当高度，学生助跑起跳扣该固定球。

（2）教师站在网前高台上，一手托球于网上沿，学生助跑起跳扣固定球。

3. 扣抛球练习

（1）扣球者在 4 号位助跑起跳，把由 3 号位队员抛来的球在高点轻拍过网。

（2）扣球者在 4 号位助跑起跳，扣顺网抛来的球。

4. 扣一般弧度球练习

扣球者在 4 号位（或 2 号位）将球传到 3 号位，3 号位队员将球顺网传到 4 号位（或 2 号位），扣球者上步扣球。

5. 与其他技术串联练习

（1）4 号位（或 2 号位）队员防扣一次后，立即扣一般弧度球。

（2）4 号位（或 2 号位）队员防吊（或拦网）一次后，立即扣一般弧度球。

（3）接发球后，立刻移动至 4 号位（3 号位或 2 号位）扣球。

6. 扣各种快球练习

学生在各位置传球给二传队员，然后扣其传出的近体快、背快、短平快、背短平快、背平快、平拉开、半快、调整快、后排快和单脚快等球。

五、扣球易犯错误及其纠正方法

扣球易犯错误及其纠正方法如表 3-5 所示。

表 3-5　扣球易犯错误及其纠正方法

	易犯错误	纠正方法
扣球	助跑时起跳时间不准	在助跑开始时，教师轻拍扣球者的背，或给予语言信号

续表

	易犯错误	纠正方法
扣球	起跳前冲，击球点偏后	练习助跑，最后一步大跨，在网前起跳接抛球或扣固定球
	击球时手臂下压	徒手甩臂，体会手臂放松动作；手握轻物（棒球、石子）甩臂；或距墙2米，用中等力量连续扣反弹球
	屈肘击球，击球点偏低	降低球网，原地隔网甩小网球；连续甩臂击高度适中的树叶
	手包不住球	把球固定在击球高度上反复挥臂击球，练习击球手法；原地对墙自抛自扣

第七节　拦网技术教学训练

拦网是排球的基本技术之一，是队员靠近球网，将手伸向高于球网处，阻挡和截击对方来球的行动。

拦网技术同其他技术一样，也是不断发展的。在20世纪50年代，由于当时规则规定不允许过网拦网，各队普遍采用双手后仰拦法，以拦起、拦高为主，拦网的性质主要是防御，削弱对方进攻威力。20世纪60年代，规则规定拦网时允许手过网，我国运动员创造性地运用了盖帽式拦网，取得了良好的效果。1997年，规则规定拦网触球不算是一次击球，极大地促进了拦网技术的发展，使拦网成为进攻性很强的技术，强调以拦死为主。当前，拦网技术已成为得分的重要手段，由过去单纯的防守技术发展成为一种积极的攻击性很强的进攻技术。20世纪80年代以来，又出现了补跳拦网、直腕拦网、重叠拦网和手臂空中移位拦网，特别是对后排进攻的拦网也有了发展和提高。

拦网具有强烈的攻击性，可以直接拦死、拦回对方的扣球，削弱对方的锐气，动摇对方的信心，给对方造成心理压力。拦网是防守的第一道防线，是反攻的重要环节，可以将对方有力的扣球拦起，减轻后排防守的压力。拦网水平的高低直接影响着比赛的胜负，在没有前排拦网的情况下，后排防守是极其困难的。

一、拦网技术的动作方法

从参与拦网的人数上看，拦网可分为单人拦网和集体拦网，集体拦网又分为双人拦网和三人拦网。

（一）单人拦网

1. 动作方法

面对球网，两脚左右开立约与肩同宽，距网 30~40 厘米，两膝微屈，两臂在胸前自然屈肘。原地起跳时，重心降低，两膝弯曲，身体垂直向上起跳。移动时，可采用并步、交叉步、跑步，向前或向斜前移动。移动拦网制动时，双脚脚尖要转向网，同时利用手臂摆动帮助起跳。拦网时，两手从额前平行球网向网上沿前上方伸出。两臂平行，两肩尽量上提，两臂尽力过网伸向对方上空，两手接近球，自然张开，手触球时两手要突然紧张，用力屈腕，主动"盖帽"捂住球。

拦网的起跳时间要根据二传球的情况和扣球队员的动作特点来决定。一般扣高球时，扣球队员在空中有一个引臂、展腹的过程，而拦网队员常常原地起跳，腾空时间较短，所以一般应比扣球队员起跳晚。而拦快球时，要比扣球队员稍早或同时起跳。拦网的起跳地点应在对方扣球的主要线路上。伸臂的时机最好是对方击球的瞬间，过早地伸臂容易被对方避开或者被打手出界；过晚则不能阻拦球，导致拦空。拦网击球时，应注意用力屈腕"盖帽"捂球，使拦回去的球反弹角度小，对方不易保护起球。2 号位和 4 号位拦网队员的外侧手要内转，以防止被打手出界。拦网中的判断应贯穿于从拦网准备姿势到空中拦截动作的整个过程，每一环节都离不开准确判断。

近年来，拦网技术不断发展，出现了拦网手臂空中移动以拦截对方扣球的技术，提高了拦网成功率。例如，随球转移拦截时两手臂由直臂改为侧倒斜向拦网，若向左拦截，则左臂伸直斜向，横向放在网口上方，右臂屈肘，前臂在额部上方与网口平行，两手间距离不大于球体直径，增大拦网的宽度，以手掌、手臂堵截路线。又如，做声东击西的拦截时，拦网者有意对准球站立，准备让出一条扣球路线空当，但当对方向这条空当路线扣球时，两臂突然伸向空中，阻挡对方扣球。再如，做两臂夹击拦截时，两臂分开上举，当对方扣球队员扣球时，拦网队员两手突然由外向内会合，使两臂夹击阻拦对方扣球。

2. 技术分析

（1）采用半蹲准备姿势，有利于迅速向两侧移动和起跳。

（2）两臂置于胸前并屈肘，有利于快速伸臂。

（3）拦网者站在距球网 30～40 厘米处，可避免因离球网过近造成触网，又可避免因离球网过远造成漏球。

（4）移动步法中，并步适用于近距离移动；交叉步适用于中、远距离移动，控制范围较大，移动速度快；跑步速度快，适用于距离较远时采用。

（5）拦网击球时，两臂尽力伸直，前臂靠近球，两手间的距离不能过大，以防止球从两手之间或者两臂之间漏过；也不能过小，以免减小拦网阻截面。

3. 技术要点

垂直上跳，含胸收腹，提肩伸臂，过网拦击。

（二）集体拦网

动作方法：集体拦网指两人（图 3-41）或三人拦网。一般拦 4 号位时，由本方 2 号位队员定位，3 号位甚至 4 号位队员移动过来与 2 号位队员配合，共同组成集体拦网。拦 2 号位时，由本方 4 号位队员定位，3 号位甚至 2 号位队员移动过来与 4 号位队员配合，共同组成集体拦网。拦 3 号位时，由本方 3 号位队员定位，两侧队员向其移动配合，共同组成集体拦网。

图 3-41 集体拦网

现代排球运动中，运动员的身高、身体素质不断提高，进攻已越来越强大，因此，集体拦网也显得越发重要，有机会组成集体拦网时，一定要努力组成集体拦网。

二、拦网技术的运用

(一) 拦强攻球

强攻球的特点是击球点高、力量大、扣球线路多。拦强攻球要组成集体拦网，并要晚起跳，组成尽可能大的阻击面。

(二) 拦快球

1. 拦近体快球

快球的特点是速度快、弧度低、不易变线。扣快球多在2号位和3号位进行，其击球点距离网近且速度快，因此，拦网时较难组成集体拦网，多采用单人拦网。拦网时，应根据扣球的特点，起跳、伸臂要快。

2. 拦平快球

平快球与近快球一样，具有速度快和弧度低的特点，同样不易组成集体拦网。拦网时，球顺网以低平弧度飞行，给拦网判断增加了困难，因此，在拦网时要人球兼顾，重点要判明扣球队员的助跑路线和起跳时机。拦网起跳要同时或稍早于扣球队员起跳，拦网应根据扣球队员的助跑方向和扣球线路拦堵其主要线路。

3. 拦"三差"扣球

拦"三差"（时间差、位置差、空间差）扣球要注意了解扣球队员的技术特点和习惯，在此基础上进行观察判断，果断地进行拦击。时间差和位置差进攻需要先做自我掩护，而一般来讲，先做自我掩护再扣球与正常节奏的扣球是有区别的，如改变正常节奏、提前助跑、佯跳的身体姿势较高、没有手臂摆动的配合等。观察发现上述异常后，就要及早移动，做好起跳准备，动作节奏与扣球队员要保持一致，当扣球队员起跳扣球时，也随之起跳拦网。

三、拦网技术的教学与练习方法

（一）教学顺序

拦网的教学应放在扣球之后进行。先教手型和手臂动作，后教准备姿势和原地起跳方法，最后教移动起跳拦网。其中，拦网的时机和拦网取位是两个关键环节。

（二）教学步骤

（1）讲解：拦网在比赛中的地位与作用；单人拦网的动作方法、动作要领，拦网的判断与时机，集体拦网的配合。

（2）示范：采用完整的动作示范拦网起跳、空中击球手法和落地动作，建立正确动作概念；然后边讲解边示范，再做完整示范。

（3）组织练习：徒手练习、结合球练习、集体拦网练习、与其他技术串联练习。

（4）纠正错误动作。

（三）练习方法

1. 徒手练习

（1）原地做拦网的徒手动作练习。

（2）网前原地起跳或以不同步伐移动，做拦网徒手练习。

（3）由3号位向2号位或4号位移动做拦网徒手练习。

2. 结合球练习

（1）两人一组，一人站在高台上持球，另一人跳起拦固定球。

（2）低网扣拦练习：两人一组，原地一扣一拦。

（3）原地起跳拦高台球。

（4）在2号位、4号位和3号位拦对方扣球。

(5) 在 2 号位和 3 号位之间以及 3 号位和 4 号位之间连续移动拦网。

3. 集体拦网练习

(1) 对方 4（2）号位扣球，本方 3 号位队员向 2（4）号位移动，与 2（4）号位队员共同组成集体拦网。

(2) 对方 3 号位扣球，本方 2 号位和 4 号位队员向 3 号位移动，与 3 号位队员共同组成三人集体拦网。

4. 与其他技术串联练习

(1) 在 4 号位或 2 号位扣球后，立即起跳拦网。
(2) 拦网后，立即把教师抛来的球传或垫至 2 号位。
(3) 拦网后，立即救教师抛来模拟被拦回的球。
(4) 拦网后，立即后撤，再上步扣球。
(5) 拦网后，立即扣教师抛来的"探头球"。

四、拦网易犯错误及其纠正方法

拦网易犯错误及其纠正方法如表 3-6 所示。

表 3-6 拦网易犯错误及其纠正方法

	易犯错误	纠正方法
拦网	起跳过早	按照拦网节奏给予起跳信号。起跳前深蹲慢跳
	手下压触网	一对一做原地扣、拦练习。结合低网，提肩屈腕把球拦下
	拦网时低头闭眼	隔网拦对方抛来的球，逐步过渡到拦轻扣球
	拦网身体前扑触网	多练顺网移动起跳

第四章　排球战术教学与训练方法

第一节　排球战术基本理论

一、排球运动战术的概念

排球运动战术是指运动员在比赛中，根据排球竞赛规则和排球运动的规律、比赛双方的具体情况和临场竞赛的变化，合理运用个人技术及集体配合所采取的有意识、有预见、有组织的行动方法的总称。

一名队员根据临场情况有目的地运用技术的过程，为个人战术。如扣球时利用转体、转腕动作扣出球的变线、轻扣、吊球、打手出界等。两名或两名以上队员之间有组织、有目的的集体协同配合，为集体战术。两者相辅相成，相互促进，相互补充。

一个队在选择战术时，首先应该从本队的实际情况出发，根据队员的技术水平、技术特点、身体条件和体能等，选择与之相适应的战术。在运用战术时，还要根据对方的技战术特点以及临场变化情况，采取灵活的行动，打乱对方的战术意图，以掌握比赛的主动权。

二、排球运动战术的类型

（一）按战术的人数分类

排球运动战术分类，就是按排球运动的特点，把排球战术的主要内容分为若干类和若干层次，再将许多类综合构成几个攻防系统，并表明它们之间的关系，以便对排球战术有一个全面的了解。排球战术有多种分类方法,无论进攻和防守,都包含着个人战术和集体战术两大部分这一客观现实。按照参与战术的人数,将战术划分为个人战术和集体战术两大类(图4-1)。

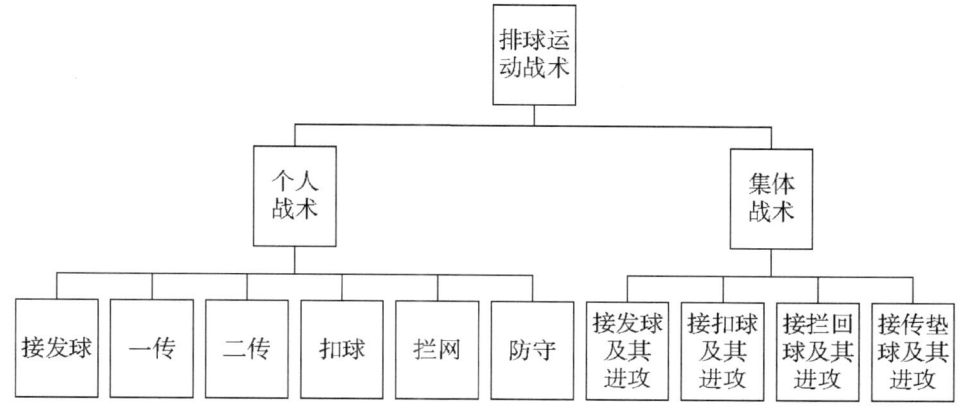

图4-1 排球运动战术分类(按人数)

(二) 按战术的组织形式分类

按照战术的组织形式,可以将排球运动战术分为进攻战术和防守战术两大类(图4-2)。

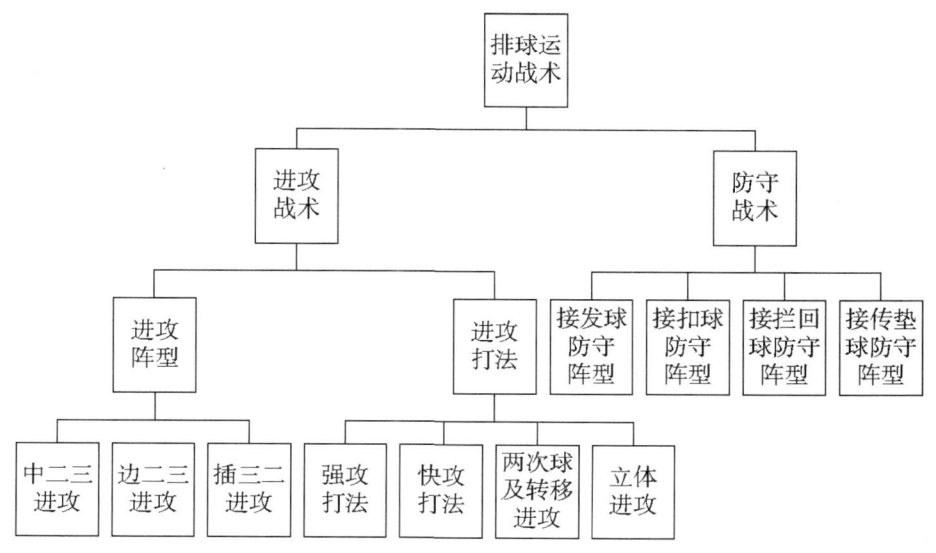

图4-2 排球运动战术分类(按组织形式)

（三）按战术运用分类

按照战术运用分类，可以将排球运动战术分为接发球及其进攻（一攻）、接扣球及其进攻（防反）、接拦回球及其进攻（保攻）和接传、垫球及其进攻（推攻）（图4-3）。

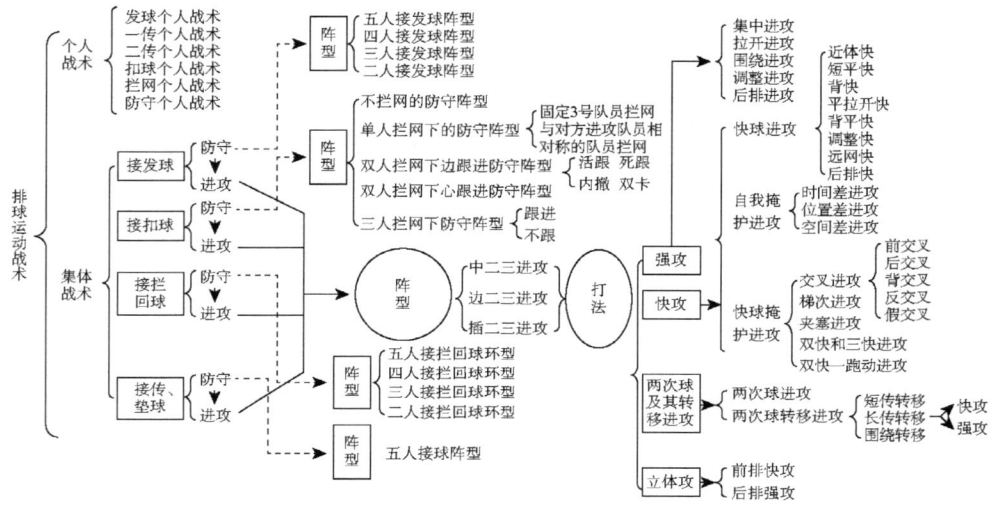

图4-3 排球运动战术分类（按战术运用）

三、排球运动战术的发展与创新

（一）排球运动战术的发展

世界排球运动经过100多年的发展与改革，在内容、形式、规则等方面日益革新，并随着社会的进步和传播手段的现代化而广泛普及和大众化。排球比赛的战术形式和战术内容也随着人们的运动实践和体育科学研究的深入而产生了根本性的变化。排球战术的不断发展是使排球运动充满活力、展示高水平的重要动力。根据当今排球运动的发展现状，排球战术的发展呈现如下趋势：

1."全面型"和"立体化"成为进攻战术的主体

排球战术经历了"高—快—高"和"点—线—面—立体"的演变过程。目前，世界排球界均注重"全面型"战术系统的构建和发展，在"全面型"的基础上，突出了"立体化"进攻战术的运用。"立体化"进攻，是指进攻战术既有前排各进攻点的多层次配合，又有后排进攻面的多方位变化，还有发球及调整球线路的全场区延伸和扩展。这是一种占据全方位空间的进攻战术形式，它使"面向纵深、方向扩大、前后一体"的立体化排球战术系统日益充实和完善。可以这样认为，在未来的排球比赛中，谁占有的空间越多，谁就能更好地发挥自己队伍的特长。因此，"立体化"进攻战术将在很长的时间内成为进攻战术的主体。

2. 提倡"前高位"和"后低位"相结合的整体化防守战术

规则的不断变化，使排球比赛攻防力量趋于平衡。防守已成为掌握场上主动权或得分的重要方面，防守战术被各队加以充分的重视。目前，"前高位"防守成为防守战术发展的新趋向。

"前高位"防守战术是指防守中加强网上、网前的高防，在前排网上争防第一点，并和后排防守一起，加快拦防反击的速度。"后低位"是指在后排防守和前排保护时，身体重心主动降低，赢得防守时间。同时，"自由防守队员"防守形式的出现，为防守战术提供了更为灵活的运用条件，使前排、后排共同形成有效的防守网络，获得积极的防守效果。

3. "快"是排球战术的核心

只有快速地进攻，快速地调整，快速地配合，快速地防守，才能掌握比赛场上的主动权，占尽进攻与防守的先机。"快速化"已日益成为世界各支队伍的主导思想。在排球比赛中，"快速化"战术的决定因素有以下几个方面：个体的反应，队员之间配合的默契性和熟练性，身体力量等。在"快速化"排球战术思想中，强调的应是建立在整体配合基础上的快，具有强大力量的快，队员行动随场上情况的变化而变化的快。

4. 采用"多变型"的战术行动

在全面、快速的基础上，多变的战术行动是排球比赛中最具有活力的表现形式。一两种战术组合的比赛特色，早已不适应现代排球运动的发展要求，而多种战术方式的有效组合、创新及临场发挥，使排球运动充满了无限生机和无穷魅力。具体表现为：发球战术的多变，有力量大的跳发球，也有吊网前的轻飘球；进攻战术的多变，有点高力大的强攻突破，也有快速变化的跑动进攻；防守战术的多变，有高大的移动拦网，也有稳健的后排防守。多变的战术行动要求队员有良好的排球战术意识和整体的协调配合,能够根据比赛的进展情况,做出正确的判断和快速的反应,既能完成预定的战术构想,又能随机应变,巧妙地运用各种战术手段。

5. 战术运用趋向合理、简练和实效

排球战术组合和运用的最终目的是获取胜利。在排球运动新规则的导向下,排球比赛的竞争日趋激烈,各种战术组合和运用都在寻求着更为合理的途径,在全面型、立体化、快节奏、多变化的整体战术体系中,简练、实效的战术运用成为制胜的重要手段。简练是战术配合的节省化和快捷化;实效是临场比赛战术运用的强烈制胜目的性的实现。简练、实效的战术运用是现代排球战术发展的趋势之一。

(二) 排球运动战术的创新

1. 创新的原则

根据学者陈小蓉提出的观点,排球战术创新应遵循以下3个原则。

(1) 超前性原则。超前性体现在超前思维、超前设计、超前试验以及超前运用4个方面,以实现先发制人的应用目的。排球战术创新在构思、设计、试验、运用等各个环节上,必须做到先人一步,只有这样才能达到战术创新的预期效果。

(2) 针对性原则。针对性表现在3个方面,一是针对某一确定的比赛对手而设计;二是针对本队某一队员的特点而设计;三是针对某一实际问题而设计。在进行排球战术创新时,应主要针对运动员的身体素质、形态、技术特长、战术意识、智力水平等特点;针对本队总体风格打法;针对不同对手在风格打法、关键队员以及发展方向上的特点;针对排球技战术发展趋势、规则修改动向等方面进行创新,只有这样排球战术的创新才更有实效。

(3) 可行性原则。可行性是指排球战术创新设计必须符合科学原理、队员条件和比赛实践要求。由于竞技体育的特性,任何一项技战术的创新都必须符合运动员的生理解剖特点,适应实践的需要,适合集体配合,并能够被运动员所掌握,这样才能实现其创新价值。

2. 创新的方法

学者陈小蓉在调查研究了大量排球战术创新案例后,提出排球战术创新的方法包括递进法、组合法、列举法、移植法、非常规动作利用法、联想法、逆向法。

（1）递进创新法：是指在不改变原技战术性质原理的基础上对其内容与形式进行改进，并导出新的技战术的方法。

（2）组合创新法：是指为实现一定的目的，将若干独立的事物或其结构部分进行符合体育运动原理及特点的结合或重组，从而获得具有整体功能的新事物的创新技法的总称。

（3）列举创新法：是指通过对现有事物的原理、结构、功能、优缺点等属性因素的逐一列举展开，从而形成多种构思方案的创新方法。

（4）移植创新法：是指将某一领域的事物或其原理、方法、结构部分或全部引入另一领域中，并通过一定的改造、进行新目的下的再创造的一种方法。

（5）非常规动作利用创新法：是指对体育运动技战术实践中偶然暴露出的不符合现在技战术动作规范要求，但客观上又存在一定的创新效应的缺陷动作和应急动作进行利用，从而导出新的技战术的方法。

（6）联想创新法：是指根据一定的创新意向，通过由此及彼的思维方式对不同的对象之间进行联系与想象，从而达到开拓思路并实现创新的方法。

（7）逆向创新法：是指从现有事物的组成原理、功能特性、结构形态等方面的相反方向引出问题，展开思考的创新方法。

第二节　阵容配备与位置交换训练

一、阵容配备的基本理论

（一）阵容配备的概念

阵容配备是参赛队根据比赛的任务、本队战术组织的特点及队员的身体情况，有针对性地、合理地安排出场队员及位置分工，充分地调配力量，科学地组合队员的筹划过程。

（二）阵容配备的目的

目的在于把全队的力量有效地组织起来，扬长避短，最大限度地发挥每一个队员的作用和特长。

（三）阵容配备的原则

1. 择优原则

选择思想作风顽强、心理品质过硬、身体素质好、技术全面和临场经验丰富的队员组成主力阵容，同时考虑到每个位置上替补队员的安排。

2. 攻守均衡原则

每个轮次，力争做到攻守力量相对均衡，尽量避免弱轮次的出现。

3. 相邻默契原则

要注意把平时合作默契的传、扣队员安排在相邻的位置上，使之能运用娴熟的配合，产生一定的战术效应。

4. 轮次针对原则

根据对方队员的位置，轮次安排要有针对性。如拦网能力强的队员对准对方攻击力强的队员，以遏制对方的进攻；遇对方进攻强的轮次时，可安排发球攻击性强的队员发球，以破坏对方的一传，阻止对方进攻战术的组成，取得先发制人的效果。

5. 优势领先原则

轮次的安排要注意发挥本队的优势。如把攻击力量强的队员安排在最得力的位置上；把发球攻击性最强的队员安排在最先发球的位置上，争取开局取胜，以鼓舞本队士气等。

（四）阵容配备的组织形式

从目前排球运动发展的情况看，现在标准的阵容配备有以下两种基本组织形式。

1. "四二"配备

由四名进攻队员（两名主攻队员与两名副攻队员）和两名二传队员组成的阵容，他们分别站在对角的位置上。这种阵型配备，每个轮次前后排都能保持有一名二传队员，两个进攻队员，便于组织和发挥本队的攻击力量。目前，在水平一般的球队中，采用这种配备形式的较多（图4-4）。

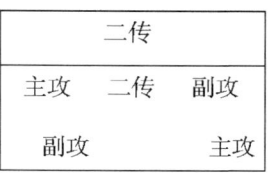

图4-4 "四二"阵容配备

"四二"配备的优点是前排每一个轮次都有一个二传队员和两名进攻队员，便于组织"中二三""边二三"进攻，战术配合有一定的稳定性。缺点是前排进攻点相对较少，隐蔽性差，不能适应高水平球队的要求。

但是，"四二"配备中如果二传队员具有较强的进攻实力，则可以在每一轮次都安排后排的一名二传队员插上组织前排的三点进攻，使前排的进攻实力得到加强，其缺点是后排防守压力加大，而且进攻队员要适应两名二传队员的传球特点。对二传要求比较高，既要能传，又要能攻，难度较大。现今世界排坛诸强中，只有古巴女排采用"四二"配备，这是由她们出色的身体素质和惊人的爆发力决定的，二传也能参与到进攻之中，使每个轮次都能保证前排的三点进攻，具有很强的攻击性。

2. "五一"配备

由五名进攻队员和一名二传队员组成的阵容。队员的站位与"四二"配备基本相同。只是由一名二传队员作为接应二传主要承担进攻任务，以加强拦网和进攻力量。接应二传也可弥补主要二传队员有时来不及传球所出现的被动局面，但主要还是承担进攻任务。目前水平较高的球队普遍采用这种配备形式。当二传轮转到后排时，可采用插上进攻形式，组织前排进行三点进攻（图4-5）。

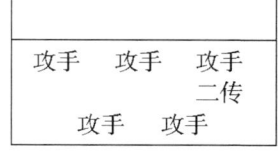

图4-5 "五一"阵容配备

"五一"配备的优点是加强了拦网和前排进攻力量，使全队的进攻队员只需要适应一名二传队员的技术特点，有利于统一指挥、相互配合，能够更好地控制比赛的进行，使进攻战术富有变化。缺点是当二传队员轮转到前排时，有三个轮次前排只有两名进攻队员，进攻点过于暴露，影响了前排整体进攻的威力。

二、位置交换的基本理论

(一) 位置交换的概念

为了最大限度地发挥每个队员的特长，调动一切积极因素，加强攻防力量，弥补阵容配备上的某些缺陷，在规则允许的条件下，场上队员进行位置交换用于组织战术的方法，即是位置交换。当发球队员发完球后，双方可以在本场区任意交换位置。

(二) 位置交换的目的

(1) 充分发挥每名队员的特长，达到扬长避短的效果。
(2) 便于进攻和防守战术的组织，发挥攻、防战术的优势。
(3) 采用专位分工的进攻和防守，提高攻防战术的质量。

(三) 位置交换的方法

1. 前排队员之间的换位

(1) 为了便于组织进攻战术，把二传队员换到 2 号位或 3 号位。
(2) 为了加强进攻力量，把进攻力量强的队员换到便于扣球的位置上，如右手扣球队员换到 4 号位，扣快球的队员换到 3 号位，左手扣球队员换到 2 号位等。
(3) 为了加强拦网，抑制对方的重点进攻，把身材高大或弹跳力好及拦网能力强的队员换到 3 号位，或与对方主攻队员相对应的位置上。

2. 后排队员之间的换位

(1) 为了发挥个人特长，后排队员各自换到自己熟悉的防守区进行专位防守。
(2) 为了在比赛中便于运用行进间"插上"战术，把二传队员换到 1 号位或 6 号位，以缩短插上时的距离。

(3) 根据临场情况，把防守能力强的队员换到防守任务较重的区域，把防守能力弱的队员换到防守任务较轻的区域。

3. 前后排队员之间的换位

后排的二传队员插上时，可把1号位、6号位、5号位插到2、3号位之间的位置，准备作二传，前排的2、3、4号位队员则后退，准备接球或进攻（图4-6）。

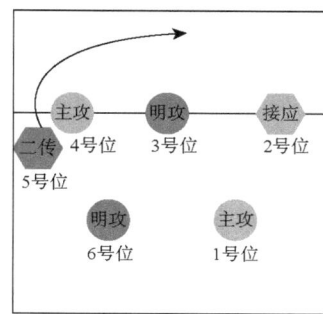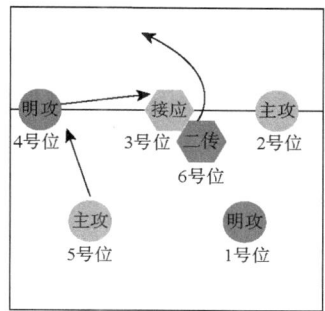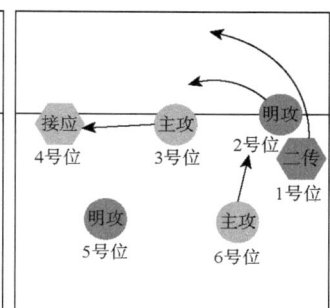

图4-6 位置交换

（四）交换位置时应注意的事项

（1）换位前的站位，既要防止"位置错误"犯规，又要考虑缩短换位距离。

（2）当发球队员击球后即开始换位，应力求迅速地换到预定位置，立即准备做下一个动作。

（3）在对方发球时，应首先准备接对方的来球，然后再换位，避免造成接发球混乱。

（4）换位时，队员之间要注意配合行动，防止互相干扰，做到互相弥补。

（5）换位后，当该球成死球时，应立即返回原位，各自做好下次接球或进攻的准备。

第三节 信号联系与"自由人"训练

一、信号联系的基本理论

排球运动是一个集体项目，在实现快速多变的进攻战术时，必须通过信号联系才能统一行动。技术的合理运用和战术的默契配合，必须具有完善的信号联系系统，没有完善的信号联系系统来统一每个队员的行动，就不可能实现预定的战术意图，获得理想的进攻效果，还有可能发生配合上的失误。队员之间选择何种信号联系要根据本队的战术要求、队员的习惯，经全队统一，可在长期的训练中形成。因而，各队都有自己独特的联系方式和信号。联系信号应简单、精练、清晰，使本队队员熟悉、明了。

（一）信号联系的概念

为了统一行动目标，完成集体战术配合，根据本队情况，由教练员和运动员共同制订的一种行动信号。

（二）信号联系的目的

信号联系的目的在于统一行动，便于场上队员了解战术行动意图，从而达到协调一致，取得比赛胜利。

（三）信号联系的方法

1. 语言信号联系

队员使用简明、扼要、准确、自信、肯定的语言及时提醒队员和明确战术意图的联系方式。使用时语言要精练、清晰，一般只用一两个字，如"快""高""背""交叉"等；也可将战术编成号数，如"1""2""3"等，使用时以代号进行联系。在比赛中，队员们不说话，打"闷球"肯定打不出应有的水平。这说明队员之间不能"封闭",应互通信息才能打好球。缺点是容易暴露本队的战术意图。因此,运用时应注意语言的隐蔽性,做到真真假假,虚实结合,让对方难以捉摸。

2. 手势信号联系

通过事先确定的各种手势,表明各种进攻战术变化的配合。手势信号一般在接发球进攻时采用,如二传队员在前排或后排插上时,用手势提示其他队员,其优点是较为隐蔽。对手势信号联系的要求是动作简单明了,迅速准确,时机恰当,不出现错误手势,尽量避免被对方窥视和识破。

3. 落点信号联系

根据来球和起球不同落点来决定战术配合的联系方式。要求全队有默契的配合、良好的战术意识和随机应变的能力。优点是可根据具体情况确定何种位置最有利于组成何种战术,使全队的战术变化处于自然的联系之中,有利于战术配合的形成和提高战术效果,应在平时训练中不断强化。例如,起球到什么位置,打什么战术;发球的落点在什么位置,采取什么进攻战术组织形式等,都应预先设定好。

4. 仪态信号联系

通过身体姿态和面部表情所产生的暗示效应。如教练员在临场指挥中可巧妙运用各种身体动作和面部表情来弥补语言信号不够隐蔽的缺点,还可以影响、调节运动员的比赛情绪。

5. 综合信号联系

以手势信号为主,以落点信号及语言信号为辅,在特定的情况下使用,可以使联系信号更加完善。

二、"自由防守队员"的运用

1. "自由防守队员"的定义

"自由球员"或"自由人"是国际排联于1996年世界女排大奖赛中试行的一项规则。是指不经裁判允许、不受换人次数的限制,可以替换后排任何一名队员完成防守任务，并在规则允许的范围内可以自由进出比赛场地参加比赛的队员。

2. "自由防守队员"的目的

"自由防守队员"的主要目的是加强后排防守和一传，促进攻守平衡，使排球比赛更具连续性，更加精彩激烈。

3. "自由防守队员"的运用

"自由人"作为排球比赛新规则的产物，在比赛中发挥着巨大的作用，"自由人"在接发球和防守中有着明显的优势。合理地选拔、培养和运用"自由人"，并设计出行之有效的战术，是提高全队战斗力，发挥其优势的有效途径，也是赢得比赛胜利的保证。

（1）替换场上进攻能力强而防守能力较弱的队员。
（2）替换因进攻、拦网而体力消耗大的主力队员。
（3）替换上场后，适时传达教练员的临场指挥意图。

第四节 进攻与防守战术训练

一、进攻战术

1. 中一二进攻

二传队员在前排的3号位，二传队员把球传给2号位或4号位，以此展开进攻。当二传队员在2号位或4号位时，二传队员把球传出去后再回到3号位，这样的战术是边一二换中一二，反边一二换中一二。中一二进攻战术使用起来比较简单，很容易就能组织起来。

2. 边一二进攻

二传队员在前排的2号位，二传队员把球传给3号位或4号位，以此展开进攻。当二传队员在3号位或4号位时，二传队员把球传出去后再回到2号位。使用该战术时，右手扣球比较有利，但不利于左手扣球，另外，边一二进攻还有一个劣势，当一传出现偏移到了 4 号位时，二传就难以进行接应。

3. 强攻

强攻是指不利用快球掩护，二传队员直接进行集中、拉开、围绕、调整的高球进攻。

4. 快攻

快攻战术是指一种快速进攻的战术，运用各类快速进攻技术，如近体快、远网快、后排快、单脚起跳快、快球掩护组织的二次球进攻等。快攻战术的优点比较明显，比如，有着比较强的隐蔽性和多变性，可以有效地分散对方的防守阵线。使用这种战术必须以全队的协调配合为前提，并且二传队员的技术水平较高。

二、防守战术

1. 接发球阵型

接发球阵型应该有利于接球和进攻战术的运用，应该依照对方的发球特点来布置阵型。最常用的两种阵型是五人接发球阵型和四人接发球阵型。

五人接发球阵型：网前安排一名二传队员，或是将其安插进后排，剩下的队员都为一传，采用的阵型为一三二或三三。五人担任一传的阵型有利于组织接发球，但当二传在网前时，其进攻方式就缺少变化；当二传在后排时，又距离中线太远，也不利于传球。

四人接发球阵型：网前安排一名二传队员和一名插上队员，两位队员不负责接发球，后排的四名队员一字排开站立或者组成圆滑的弧线，负责接发球，该防守战术利于二传传球和进攻跑动，但其劣势也较为明显。队员移动后，很容易使阵型出现漏洞，这就要求队员有较高的接发球判断能力以及敏捷的步法。如果对手的发球技术低，用这种接发球阵型是很合适的。

2. 防守阵型

防守阵型可分为三种，分别是不拦网的、单人拦网的和接拦回球的。
下面针对这三种防守阵型做简单的介绍。
不拦网的防守阵型常用在不需要拦网的情况，网前安排二传队员，这名二传队员不仅可以接网前球、进攻、组织后撤，还能够为防守反攻做准备。

当对方的进攻能力不强时，可采用单人拦网防守阵型。这种阵型的扣球常以中线为主，吊球的使用率也颇高，以中线为基点进行拦网，不让对方把球吊入中场。除拦网队员外，其他两名前排队员站在防守区。

接拦回球的阵型是一种保护阵型，在后排安排一名接反弹球的队员，其余队员都负责前排保护。当进行一点进攻时，改用四人保护。转换战术队员移位时，应尽量安排二传队员和后排队员共两到三人一起组成保护阵型。

第五章　排球运动员体能训练方法

第一节　力量训练方法

力量是指肌肉工作时克服阻力的能力。从生理学角度讲，它是运动员肌肉收缩程度的反应。

人体所有的活动都是对抗阻力产生的，体育运动较日常活动要对抗更强的阻力，因此，力量是决定运动水平的重要因素。排球运动所需要的弹跳力、速度、爆发力以及耐力都是以力量为基础的，排球运动员应特别重视力量训练，高水平的力量对提高技术水平具有极其重要的意义。

排球运动员需要发展的力量包括一般力量、爆发力和力量耐力3种。一般力量是爆发力和力量耐力的基础，发展一般力量宜采用大负荷、少次数、多组次的训练方法。

爆发力又称速度力量，是指在尽可能短的时间内发挥出尽可能大的力量的能力。发展爆发力通常有两种方法：一种是采用接近极限的负荷但重复次数较少的练习方法，另一种是采用小负荷但运动速度较快的练习方法。

力量耐力是指在一段时间内反复承受某一种、某一负荷的能力，对在长时间的比赛中保持良好的体能，取得好的比赛成绩，以及坚持较长时间的训练都有重要的意义，通常采用负荷小而重复次数多的练习方法来发展力量耐力。

一、影响力量的因素

1. 肌肉的生理横断面

横断面越大的肌肉，力量也越大。肌肉横断面增大是由于训练引起的肌纤维变粗。排球运动员的下肢需要较大的绝对力量或相对力量，因此，下肢肌肉需要较大的横断面。

2. 神经系统的协调能力

参加工作的主动肌、协同肌及对抗肌的协调能力，主要依靠神经系统来调节。除了肌肉间的协调关系外，主动肌本身的"内协调能力"对力量也有较大影响。所谓"内协调能力"，就是肌肉收缩时"运动单位"参加工作的能力。这在很大程度上取决于训练水平。据研究，训练水平高的运动员可动员80%～90%的"运动单位"参加工作，而一般人只能动员40%左右。

3. 骨杠杆的机械率

取决于肌肉群的牵拉角度、每个杠杆阻力臂和动力臂的相对长度。合理的机械率是由各部分肌肉协调用力和正确的技术动作来实现的。

4. 肌纤维类型

肌纤维类型和所占比例对力量的影响也比较大。白肌纤维收缩速度快、张力大，是力量素质的主要因素。白肌纤维占的比例越大，肌肉的力量，特别是爆发力就越强。排球运动属于技术性项目，对于肌纤维比例的要求不像某些田径项目那样严格。据测定，排球运动员白肌、红肌纤维所占比例各半。

5. 内脏器官机能

有氧代谢能力与力量耐力也有着密切的关系。

二、力量训练基本方法

肌肉收缩有四种基本形式，即向心的克制性收缩、离心的退让性收缩、等动收缩和等长收缩。前三种形式可归为动力性工作，等长收缩属静力性工作。

根据肌肉收缩的形式，力量训练方法可分为动力性力量训练、静力性力量训练、超等长训练和等动训练等。

1. 动力性力量训练

动力性力量训练又称等张训练。肌肉在等张收缩时所产生的力量使肢体产生位移，从而使人体或器械产生加速运动。肌肉以这种形式工作时，一般是做向心收缩的工作，长度缩短，在工作的过程中，随着活动肢体关节的改变，肌肉在短过程中的张力也发生变化。

动力性力量练习有两种主要类型：一种是大负荷、少次数，主要用于发展一般力量和爆发力；另一种是小负荷、多次数，主要用于发展力量耐力。

2. 静力性力量训练

静力性力量训练又称等长训练。肌肉在对抗固定阻力时产生的力量维持和固定肢体于一定的位置和姿势，不产生明显的位移和运动。负重半蹲是排球运动员常用的静力性力量训练方法。

3. 超等长训练

超等长训练是一种能使肌肉产生牵张反射的力量训练方法，是发展爆发力很好的训练方法。最典型的训练方法就是"跳深"练习。

4. 等动训练

等动训练是指在整个关节活动范围内，肌肉群始终以最大张力收缩，保持恒定的速练方法，需要专门的器材才能进行，如等动练习器等。

三、力量训练的要求

1. 不断提高刺激强度

肌肉对于外界的刺激，会产生或引发新的反应。一定强度的刺激，引起一定的生理反应。大强度或极限强度的刺激，可以使肌肉产生大强度或极限强度的生理适应。力量训练如果达不到大的或极限的强度，训练的效果就比较差。

发展肌肉力量的生理过程是：刺激—反应—适应—增加刺激—反应—再适应—增长力量。

从发展力量的生理过程可以看出，进行肌肉抗阻力的训练，可以增长肌肉的力量。如果阻力施加得合理（达到极限或较大强度），力量的增长就比较快。而增长了力量的肌肉，必须再增加更大的刺激，力量才能得到继续增长。所以，发展力量要遵循极限负荷与逐步增加刺激强度原则。

2. 力量训练要有专项特点

对力量训练是否具有专项特点的问题，各方曾有过激烈的争论。尽管两种观点都有其合理性,迄今科学论据还是强烈地倾向于支持力量训练专门化的理论。持力量训练专门化观点的学者认为,力量训练应在运动解剖形式、肌肉收缩速度、肌肉收缩类型和收缩力量上尽可能地模拟实际从事的运动动作。有人甚至认为,力量训练在很大程度上是技巧的产物。有实验证明,训练效应甚至在训练时的关节角度上也存在着专门化。既然在简单的动作中也存在着动作形式的特异性(即专门化),那么,在许多运动项目更为复杂的动作中,这种特异性将更为显著。因此,排球运动员进行力量训练时,一定要选择与排球专项技术相结合的动作方法,并力求动作结构、动作速度等方面与排球专项动作相同。

3. 遵循力量练习安排的顺序

力量训练中,因为小肌肉群比大肌肉群容易疲劳,为了保证大肌肉群的大负荷,必须在小肌肉群出现疲劳前,使大肌肉群受到训练。例如,以负重蹲起训练腿部力量,达到相当重量或次数时,想要重点训练的股四头肌还没有达到疲劳程度,腰背较小的肌肉已经不能坚持训练。所以训练时,教练员应注意采用适当方式避免这种现象产生,比如,可以先采用其他训练方法让股四头肌产生一定程度疲劳之后,再进行负重蹲起训练,如此使股四头肌先达到所需要的疲劳程度,或与其他肌肉同步疲劳,从而得到最大限度的锻炼。同时,教练员还必须考虑在相继的练习中不要使用同一肌群工作,以保证肌肉工作后有足够的恢复时间。

4. 力量训练应以动力性练习为主

训练实践中,主要采用的是动力性练习的方法。肌肉在动力性状态下进行训练,力量可以得到很大的发展。

静力性练习曾经被认为是提高最大力量的有效手段,但是,现代训练理论认为,力量训练最显著的特点是与专项动作及素质特点相结合。静力性练习可以有选择地训练某一肌群,可作为康复的一种手段,并且不需要复杂的器材等。

等动练习可使运动员动作的任何阶段都表现出极限或接近极限的力量,可以达到其他负重练习达不到的效果。但目前并未在排球运动员力量素质训练中得到广泛运用,其主要原因是尚无适用于排球运动员使用的专门器材。

四、力量训练应注意的问题

1. 力量增长与消退的规律

据研究,每天都进行 1 次力量训练,可以取得 100% 的效果;5 天及隔时间较长的训练，效果就会减少；14 天以上进行 1 次力量训练，基本上没有效果。由此可见，每周进行 2~3 次力量训练是必要的。科学实验表明：每天训练 1 次，20 周时达到 100% 的效果；在停止训练 30 周后，力量就会降到初始水平。每周训练 1 次，共进行 50 周的训练，虽然效果只能达到 75%，但若 60 周不练，还能保持 60% 的效果。因此，短期进行突击力量训练，可以收到较好的效果，但消退也很快。细水长流地练，效果虽不是很显著，但消退也慢。力量增长与消退的规律，为安排训练提供了依据。

2. 遵循青少年生理特点

少年时期的力量训练要十分的谨慎，要重视其年龄特点。8~13 岁，发展全身各部位一般力量多采用动力性练习，多采用负荷为自身体重的练习。这个时期主要通过肌肉组织的内协调来增加力量，不应该出现肌肉组织的肥大。男少年 13~15 岁是性发育的第一阶段，身高明显增加，采用对脊柱有负荷的力量练习时应特别小心。此时应采用轻器械的负重练习，如哑铃、轻杠铃等。这个时期可以通过增大肌肉体积和肌肉内协调两种途径来增长力量。16~18 岁可以承担最大的力量负荷。在整个少年阶段进行力量训练时，教练员都要考虑到少年骨化过程尚未完成的特点，同时还要特别注意区别对待。

3. 力量练习与局部力量练习相结合

安排力量训练应注意整体力量练习与局部力量练习相结合，发展大肌肉群力量练习与发展小肌肉群力量练习相结合，使身体各部分力量匀称发展，同时防止由于局部负担过重而引起伤害事故。

4. 杠铃练习

杠铃练习是发展力量的有效手段，但单一的杠铃练习还不能满足排球运动员需向各方向跳跃的要求。因此，运动员在进行杠铃练习时还须辅以其他一些练习。如在练习的间歇中进行快速的小步跑、高抬腿跑、短距离的冲刺、原地或助跑的单双脚跳、跳绳、多级蛙跳等，也可以采用循环训练法将这些练习与各种杠铃练习组合在一起。这样，既可以防止肌肉的僵化，提高肌肉的弹性，还可以发展运动员的协调性和灵活性。

5. 做好准备活动

进行力量训练前要做好准备活动，练习任务要明确，要求运动员精力集中、动作正确，注意不在身体疲劳时安排力量练习。进行大负荷练习时要加强保护。

五、力量练习方法介绍

1. 发展腰部肌肉群力量的方法

（1）仰卧起坐：徒手，负重（沙袋、杠铃片、实心球）等。

（2）仰卧举腿：无负重，负重（绑沙袋、双脚夹实心球）等。

（3）斜板仰卧起坐：徒手，负重。

（4）单杠或肋木悬垂举腿。

（5）俯卧体后屈（另一人扶脚）。

（6）杠铃提铃。

（7）肩负杠铃两腿开立，体前屈。

（8）双手持重物（杠铃片、哑铃等）腰绕环。

2. 发展下肢肌肉群力量的方法

（1）杠铃负重蹲起：半蹲、全蹲。

（2）杠铃负重半蹲静力训练（极限负荷）。

（3）杠铃负重半蹲接提踵（大负荷以上）。

（4）杠铃负重半蹲快速提踵（小负荷）。

（5）壶铃深蹲跳。

（6）负杠铃弓箭步行走。

（7）负杠铃左右交替台阶快速上下（小负荷）。

（8）矮子步行走：要求双手摸脚后跟，行走距离视能力的提高而逐渐增加。

3. 发展手臂肌肉群力量的方法

（1）俯卧撑或俯卧撑击掌。

（2）手倒立（靠墙或不靠墙）。

（3）手倒立推起。

（4）手倒立行走。

（5）双人推小车，正反向。

（6）两人一组，面对面做头上抛实心球（单手、双手）。

（7）哑铃或轻杠铃片练习：起跳摆臂、快速挺举、连续快速推举、臂绕环、侧平举、前平举加扩胸、肩后臂屈伸、仰卧扩胸、俯卧扩胸、前屈臂。

(8) 轻杠铃练习：连续快速挺举（前方、上方、斜上方）、连续快速推举（前方、上方、斜上方）、站立（坐姿）头后推举。

(9) 卧推（渐增负荷至极限）。

(10) 挺举（渐增负荷至极限）。

4. 发展手指、手腕肌肉力量练习

(1) 负重（杠铃、哑铃）腕屈伸。

(2) 手持哑铃腕绕环。

(3) 头上双手或单手手腕用力掷实心球。

(4) 手指俯卧撑。

六、弹跳力训练

（一）弹跳力的含义及重要性

弹跳力是指运动员的跳跃能力，是运动员速度、力量、协调能力的综合表现。

从力学的观点看，决定弹跳力的因素是速度和力量。发展速度素质或力量素质都能有效地提高运动员的弹跳力。

弹跳力是排球运动员最重要的身体素质。提高排球运动员的弹跳力对于提高技、战术水平起着决定性的作用。随着排球运动的发展，网上争夺越来越激烈，对抗的空间范围日益扩大，参与进攻的人员也日益增多。同时，由于防守、保护、二传和调整能力的提高，连续扣球、拦网的次数增多，以及快攻战术的发展和变化，这些都对排球运动员的弹跳力提出了越来越高的要求。所以，弹跳力是排球运动员必须具备的特殊的身体素质，不仅要跳得高，而且要跳得快，同时运动员还必须具备良好的弹跳耐力。

（二）弹跳力训练的要求

1. 重视身体的协调能力和起跳技术

弹跳力虽以力量、速度为主要素质基础，但身体的协调能力和起跳技术也不容忽视。常见有速度、力量指标都不低的运动员，弹跳力水平却不高，其原因多在协调能力和起跳技术方面。运动员起跳时要特别注意摆臂和下肢各技术环节的配合。在跳跃动作练习和技术练习中，教练员应仔细观察每个队员起跳各技术环节并及时纠正错误动作。

2. 不同训练阶段的侧重有所不同

在多年训练的基础训练阶段，发展弹跳力的力量素质训练应重视数量刺激，以促使运动员增大肌肉、发展力量；在专项提高阶段，则应重视强度刺激，以促使肌肉质量的提高，达到提高弹跳力的目的。

3. 结合专项技术动作结构特点

弹跳力训练具有专门化的特点，因此，做负重蹲起时，动作结构与动作要求都应与专项运动技术的跳跃动作相同或接近。有研究表明，如果力量训练的动作结构与专项技术动作结构及练习要求有较大差异，训练效果就会下降，甚至出现消极转移现象。

4. 重视腰背肌群及足弓肌群的训练

发展弹跳力不仅应重视下肢力量的训练，还要特别重视腰背肌及足弓肌群的训练。腰背肌群的用力对克服人体的惰性，提高起跳的初速度有重要的作用。足弓发力在跳离地前的瞬间，人体已经获得一定的加速度，此时足弓的推力更会加快起跳的速度，使人不仅跳得高，而且跳得快。

（三）弹跳力训练应注意的问题

1. 弹跳力训练要有多年规划和全年计划

全年计划要安排好每一阶段训练的重点。一般情况下，冬训期间弹跳力训练比重要大些，而且多采用力量素质练习的训练方法；比赛期间弹跳训练的比重可减少，并大多采用与技、战术密切结合的练习方法。

2. "轻重量刺激"

青少年一般采用"轻重量刺激"（一般的负荷）就可增加弹跳力，但对于具有一定训练水平的运动员，则必须采用"强度刺激"（增加负荷与训练强度），不断提高和改变刺激强度。

3. 发展伸肌力量

要大力发展伸膝肌群、屈足肌群和腰背伸肌、伸髋肌群的力量，同时还要注意全身爆发力和协调性的训练。

4. 抓住力量"敏感期"

青少年时期是发展弹跳力的敏感期，应抓紧在此时期内进行具有针对性的训练。

5. 注重"跳深"训练

运动训练实践证明，跳深"训练是发展弹跳力最有效的方法之一。

6. 预防运动损伤

进行弹跳力素质训练，要避免在过硬的场地上（如水泥地、石板地面）进行，以防止造成运动员的慢性损伤。

（四）弹跳力练习方法介绍

1. 各种徒手跳跃

（1）单足交替向前跨跳。

（2）原地跳起收腹。

（3）立定跳远或多级跳远。

（4）连续蛙跳。

（5）助跑起跳摸篮圈或篮板。

（6）原地直膝向上连续跳。

2. 利用各种场地器材的跳跃练习

（1）双脚跳越体操凳前进。

（2）双脚连续跳过栏架。

（3）连续跳台跳深练习。

（4）利用由低到高的橡皮筋连续向上跳。

（5）地上画线的各种交叉、转体跳。

（6）跳绳（单足跳、双足跳、双摇跳等）。

（五）快速伸缩复合训练

1. 快速伸缩复合训练的概念

快速伸缩复合训练是一种快速、高功率的运动；在运动中，预先拉伸肌肉并激活肌肉的"拉伸—收缩循环"，从而产生强大的向心收缩。快速拉伸后进行快速收缩（Plyometric Movement）是一种本能的、普遍的运动方式。最早的有关快速伸缩复合训练的概念由前苏联运动生物力学家 Verkhoshansky 于 1968 年总结并提出，后被介绍到美国，被称为弹振训练（Plyometric Training）或冲击式训练（Shock Training）。

2. 快速伸缩复合训练注意以下特点

快速伸缩复合训练的方法多种多样，但运动员在完成动作时，必须注意动作要快速和连贯，不过于追求"高度"，跳深时落下的高度在某种程度上等于杠铃的重量，过高的高度延长了踏跳的时间、破坏了过程的流畅，且易发生损伤。

在进行快速伸缩复合训练前，教练员必须对运动员进行必要的评价，包括训练前的水平、最低的身体素质要求、基本的速度和力量基础、运动员的身材和体重，以及运动员的成熟程度、可训练性、项目的要求、身体素质水平等。

快速伸缩复合训练必须遵循循序渐进的原则，从低强度到高强度；练习的形式，从简单到复杂。快速伸缩复合训练不是一般的身体训练，而是速度、力量和爆发力训练，训练必须以最大努力完成，否则没有效果。

以最快速度完成动作，获得强大的收缩力量和收缩速度。完成动作的速度减慢或终止，拉伸过程中积累的弹性能量就会消散或减弱。

3. 快速伸缩复合训练方法

（1）多边形跳跃

初始动作：正向站于由栏架摆放的规则图形内，身体保持正直。

动作要求：按照既定路线进行跳进跳出，身体始终面朝一个方向；膝盖微屈，缓冲落地；背向、侧向跳跃时注意身体姿态的保持与控制。教练员可改变栏架高度、起跳节奏路线等增减难度。

练习目的：下肢快速伸缩复合能力；神经控制肌肉能力。

(2) 落下伸展跳

初始动作：站立在跳深凳上，单腿缓慢踏下。

动作要求：下落过程中，呈滚筒式落地，主动缓冲，手臂制动；下肢爆发用力迅速蹬地，摆臂向前上方跳跃，稳定落地，落地—起跳阶段转换迅速，形成拉长—缩短循环周期。教练员可变换不同跳深凳高度来增减训练难度。

练习目的：神经肌肉的协调配合能力；下肢爆发力。

(3) 跳深凳剪步跳

初始动作：左侧屈髋屈膝，呈90°踏上跳深凳，右腿支撑，双臂在身体两侧制动。

动作要求：双腿爆发用力蹬伸，摆臂迅速，高高跃起，在空中成剪刀步伐交换，滚筒式落地；交换跳跃；循环往复；髋关节、膝关节保持中立位；落地—起跳阶段转换迅速，形成拉长—缩短循环周期。教练员可变换不同跳深凳高度及动作节奏来增减训练难度。

练习目的：基础爆发力训练方法；整体协调配合能力；神经控制肌肉能力；下肢爆发力与离心收缩能力；保持姿态能力。

(4) 跳深凳侧向剪步跳

初始动作：右腿屈髋屈膝，呈90°侧向踏上跳深凳，左腿支撑，双臂在身体两侧自然摆动。

动作要求：双腿爆发用力蹬伸，摆臂迅速，高高跃起，在空中成剪刀步伐交换，滚筒式落地；交换跳跃；循环往复；髋关节、膝关节保持中立位；落地—起跳阶段转换迅速，形成拉长—缩短循环周期。教练员可变换不同跳深凳高度及动作节奏来增减训练难度。

练习目的：基础爆发力训练方法；整体协调配合能力；神经控制肌肉能力；下肢爆发力与离心收缩能力；保持姿态能力。

(5) 连续跳跃

初始动作：站在跳深凳上。

动作要求：起跳，双脚缓冲落地至两跳深凳中间位置，双脚呈滚筒式落地，手臂制动；下肢爆发用力迅速蹬地，摆臂向前上方跳跃，跳过前方跳深凳，稳定落地；落地—起跳阶段转换迅速，形成拉长—缩短循环周期。教练员可变换不同跳深凳高度来增减训练难度。

练习目的：神经肌肉的协调配合能力；下肢爆发力；跳跃的空间感知能力。

第二节　速度训练方法

一、速度的含义及种类

速度是指单位时间内完成某个动作或移动某段距离的能力。排球比赛是以适应迅速运动着的对手和飞速运动的球为特点的，因此，速度是排球运动员体能的重要方面。

排球运动员的速度可分为反应速度、动作速度和移动速度。判断场上变化情况，观察球的运行，需要反应速度；完成击球动作，需要动作速度；抢占有利位置或争取最佳空间，需要移动速度。由此可见，速度对于排球运动员之重要。

1. 反应速度

排球运动员的反应速度是对排球场上由于双方队员行动的变化和球飞行的位置、速度的变化所产生的迅速应答能力。这种能力通常以"综合反应时"来反映。

反应速度具有先天的因素，通过训练加以提高的空间是有限的，而且有随年龄增长而减慢的趋势。由于排球运动信号感十分强烈，对反应速度要求很高，故应在早期加强训练。

2. 动作速度

在排球场上完成各种击球动作的速度就是动作速度。

动作速度主要是克服运动员本身体重，阻力比较小，所需力量也比较小，主要是肌肉间的协调能力起作用。

排球运动对运动员的动作速度要求很高。据测定，男子扣球速度最快已超过30米/秒，女子已超过20米/秒，没有相应的挥臂速度是达不到这么快的扣球速度的。

3. 移动速度

单位时间内身体移动的距离就是移动速度。在排球场上，它由扣、拦、助跑等的速度表现出来。

移动速度的快慢除了取决于协调性之外，还与克服较大身体惯性的能力有关。比如，运动员从静止状态到迅速移动，或从移动到静止状态。

二、影响速度的主要因素

1. 神经过程的灵活性

运动神经中枢兴奋与抑制的转换速度，即神经过程的灵活性。身体运动是靠肌肉的收缩与舒张实现的，而肌肉是由神经支配的。因此，神经过程的灵活性好，反应速度就快；反之，反应速度就慢。

2. 肌肉的类型和肌肉活动的协调性

生理学研究表明，白肌纤维成分较多的人适宜速度性项目，这是由白肌纤维的生理、生化特点（如 ATP 的含量及其分解与再合成的速度，神经冲动的传导速度等）决定的。肌肉各肌群之间协调性的改善可以提高活动速度，因为肌群的协调配合使肌群之间的阻力减小，从而提高肌肉活动的速度。关节的灵活性、对抗肌的拉长能力也有助于速度素质的提高。

3. 与爆发力的关系密切

力量、灵敏，尤其是爆发力的水平与速度密切相关。发展这些素质才能有效提高速度素质水平。

三、速度训练的要求

1. 改善中枢神经系统的反应能力

中枢神经的反应能力主要表现在反应速度上。而反应速度实际上是人体神经系统反射通路传导时间长短的体现，是人体神经系统受遗传决定的所固有的生理过程。训练的作用是要把受遗传因素影响所决定的最高反应速度表现出来，并使其有较高的稳定性。排球场上的许多运动反应实际上是运动条件反射，通过训练建立的运动条件反射越多，越巩固，运动员表现的反应就越快。

2. 要与专项技术训练紧密结合

排球场上的速度有特殊的表现形式，信号感强烈，以短距离为主，且多变化。速度训练的手段与专项技术相结合，则更能使速度发挥于技术之中。

3. 重视练习的强度和增强肌肉力量

运动员在完成速度练习时，要最大限度地动员自己的力量，使动作的频率快、幅度大，达到自己最高的速度水平。因此，采用大的、接近极限的强度，尤其是通过提高爆发力来提高肌肉快速收缩的能力，对发展速度有很好的效果。

4. 改善肌肉群之间的协调配合

改善协同肌与对抗肌之间的协调配合，以提高动作之间的协调性。运动员应加强各种动作的辅助练习，培养动作过程中的放松能力。

四、速度训练应注意的问题

1. 经常性

由于速度素质的提高较慢，所以训练要保持经常性。

2. 安排在课前半部

速度训练应安排在课的前半部，在运动员精力充沛的情况下进行，这时中枢神经系统处于良性兴奋状态，进行速度训练效果最好。

3. 密切结合专项特点

速度素质的训练应尽可能与排球场地和专项技术相结合。速度训练的专门练习可以帮助运动员建立起专项条件反射，从而提高反应速度。

4. 抓住速度"敏感期"

教练员在进行训练时要注意运动员的年龄和性别差异，对青少年运动员要抓住其速度素质发展的"敏感期"，大力发展速度素质。

五、速度练习方法介绍

（一）反应速度练习

（1）全队分成两队面对面站立，相距 1 米左右，看教练员手势做追逐跑。

（2）以站、坐、跪、卧姿准备，看教练员手势向各个方向起跑。

（3）躲避球击：全队分成两队，一队站在半场内，另一队站在半场外，场外队员用一球（或多球）抛击场内队员，场内队员进行躲避，被击中者出场或加入场外队，直至全部被击中。

（4）冲刺接球：教练员单手将球高举，队员在离教练员 3 米处准备。当教练员撒手让球掉下时，队员冲出，在球落地之前将球接住。

（5）垫墙上反弹球：队员面对墙 2~3 米站立做好准备，教练员从队员身后向墙上扔球，要求队员将反弹回的球垫起。教练员扔球的角度与速度要根据运动员的反应能力而定，并掌握好练习的难度。

（6）队员背对墙站立，对墙抛球后迅速转身将反弹的球垫起。

（7）移动截球：教练员在网前站立，队员在半场中间准备，教练员向各位置抛球，要求运动员迅速判断移动，在球未出半场或落地之前将球截获。

（8）两人隔网相对，一人做各种快速徒手移动及拦网动作，另一人力争同步跟随。

（二）动作速度练习

（1）快速挥臂以扣球动作抽打树叶，树叶应在扣球手臂前上方最高处，抽打时肩部向上伸展。

（2）两人一组，相距 10 米以上，相互单手肩上掷排球，要求以挥臂扣球动作掷球，并且使球出手后近似平行飞行。

（3）距墙 10 米左右，单手肩上掷排球，要求以挥臂扣球动作掷出。

（4）两人一组，相距 5~6 米，单手掷实心球。

（5）原地对墙用扣球动作甩垒球。

（6）助跑起跳向网上甩垒球。

（7）连续跳 3 个不同高度的栏架，要求脚落地后立即跳起，节奏感要强。

（8）连续跳台跳深练习：8~10个跳台，高50~120厘米，按照中间高两头低的顺序排列，距离1.5~2米，从第一个跳台跳下，着地后立即反弹跳上下一个跳台，连续跳完。

（三）移动速度练习

（1）在中线与进攻线之间做3米快速往返移动（侧向或前后）。

（2）"米"字形快速往返移动。

（3）结合球场移动步法练习：快速小步跑、快速交叉步跑、快速高抬腿跑、侧滑步跑、后退跑，各种移动方法的组合练习等。

（4）向前或向两侧连续做滚翻、鱼跃、前扑救球动作，或结合视、听信号做以上动作的组合练习。

（5）排球半场对角线冲刺。

第三节　耐力训练方法

一、耐力的含义及重要性

耐力是指人体不降低工作效率而长时间进行运动的能力，也是机体抵抗工作疲劳的能力。

排球运动是以有氧耐力为基础，以无氧耐力为主导的一种竞技体育项目。排球运动员的耐力水平，对运动成绩具有很大的影响。

排球比赛不受时间限制，一场势均力敌的比赛通常需要两个小时，耐力的好坏可以直接影响运动员技术水平的充分发挥及比赛的结果。因此，排球运动员的耐力训练是很重要的。

二、耐力训练的特点

1. 耐力提高得快，消退得也快

经常性地、有计划地进行耐力训练，短期内即可取得较好的效果。如果停止训练 3 周，就会下降到原来的水平。故排球运动员除日常训练之外，每周应进行 1~2 次专门的耐力训练。

2. 耐力训练要从少年开始

排球运动员所需的耐力以有氧耐力为基础，从少年时期适当地进行有氧耐力训练，有助于增大运动员的心脏容积、最大吸氧量和提高恢复能力。这些因素也是健康机体的标志，因此，打好耐力训练的基础，对提高专项运动成绩与机体健康都是十分必要的。

3. 排球运动员的专项耐力

排球运动员的专项耐力有弹跳耐力、速度耐力、移动耐力和比赛耐力。

三、耐力训练应注意的问题

1. 作为基础素质训练

在全年训练计划中，耐力应作为一项基础素质来安排。一般在冬训或一年训练之初安排一般耐力训练，作为全面训练的基础。赛前应减少一般耐力训练，增加专项耐力训练。

2. 注重专项耐力训练

大强度的耐力训练可单独安排训练课进行或者放在训练课的最后部分，训练课中宜安排一些强度较小的专项耐力训练。

3. 结合专项技术训练

各种技、战术训练和身体训练只要安排得当，都可以提高耐力，在技术训练中采用极限训练法、间歇训练法、循环训练法都能有效地促进耐力的提高。

四、耐力练习方法介绍

（一）发展弹跳耐力的方法

（1）用绝对弹跳 80% 的高度连续跳 20~30 次为一组，跳若干组（组间休息

2~3 分钟)。

(2) 5 分钟跳绳练习：双脚跳 30 秒，左脚单跳 1 分钟，右脚单跳 1 分钟，完成两个循环正好 5 分钟（可根据训练水平调整负荷）。

(3) 原地起跳单手或双手摸高。

(4) 连续扣球：3~5 人一组，每人扣球 30~50 次。

（二）发展速度耐力的方法

(1) 400 米跑：要求运动员在规定的时间跑完 400 米，间歇 1 分钟后再跑 1 次，共跑 2~3 次。

(2) 30 米冲刺：10 次，每次间歇 15~20 秒。

(3) 60 米冲刺：10 次，每次间歇 30 秒。

(4) 3~5 人一组，连续滚翻救球，每人 30~50 次。

（三）发展移动耐力的方法

(1) 看教练员手势向各个方向移动，2~3 分钟为一组。

(2) 单人左右移动拦网各 10 次。

(3) 单人全场防守，要求防起 15 个球为一组。

(4) 30 秒、3 米左右移动 5~8 组。

（四）发展比赛耐力的方法

(1) 连续比赛 7~10 局。

(2) 连续不间断的对攻训练 5~10 分钟。

(3) 身体训练以后再进行排球比赛。

(4) 按场上顺序轮转，在 6 个位置上做 6 个不同的规定动作，连续进行若干组。例如，1 号位跳发球→6 号位左右补位移动救球→5 号位滚翻防守救球→4 号位扣球→3 号位拦网→2 号位后撤鱼跃救球。

第四节　灵活性训练方法

一、灵活性的含义及重要性

灵活性是迅速及时地改变身体或身体某部分运动速度和运动方向的能力。灵活性是运动员按照自己的意志控制机体协调准确地完成各种复杂技巧的协调能力的体现，因而，协调能力是灵活性的核心，灵活性与协调能力互为表里。

灵活性是由力量、速度、爆发力和协调能力结合而成的。排球比赛中快速变换方向，从一个动作迅速变换为另一个动作等技战术运用，都需要具有高度的灵活性及协调能力。灵活性的好坏也决定了一名运动员的技术水平高低。

二、灵活性及协调能力的训练特点

1. 训练结合编组动作完成

灵活性和协调能力是一种综合能力。教练员在训练时应将爆发力、反应力及速度等一系列的动作和要求糅合于单个动作或编组动作之中，使它们互相促进，互为表现形式，达到灵活性与协调能力的提高。

2. 在兴奋状态时进行训练

由于灵活性及协调能力受中枢神经系统的支配，因此应在神经系统处于良性兴奋状态时进行训练。疲劳时，训练效果会明显下降。

3. 抓住协调素质"敏感期"

青少年在生长发育阶段，灵活性及协调能力比较差，但不应当放弃训练。教练员要抓住青少年协调素质发展的"敏感期"进行训练。

4. 结合专项技术训练

灵活性及协调能力有很强的专项化特点，因此，教练员应尽可能结合专项技术来进行训练，至少应使选择的各种练习方法尽量接近专项技术动作。

三、灵活性训练应注意的问题

1. 安排在训练课前半部训练

灵活性训练要求运动员注意力集中，动作准确快速。因此，教练员应把灵活性训练安排在训练课的前半部分，一般安排在准备活动中进行。

2. 注重腰、腹、背力量训练

腰、腹、背的力量对灵活性起着重要的作用，是上下肢的纽带，因此，教练员在训练中应特别注意这部分力量的专门练习。

3. 根据年龄特点

教练员应根据队员年龄特点，掌握好灵活性训练的安排。13～14 岁以前，通过训练来发展灵活性素质可以取得较好的效果；15～16 岁是快速生长期，灵活性增长较慢，到 18 岁以后，灵活性又以稳定的速度增长。根据青少年生理特点，抓住灵活性发展的规律和时机进行训练，可以达到事半功倍的效果。

4. 与其他素质训练结合

灵活性是由多种素质结合而成，教练员在训练灵活性时应注意与其他素质训练结合进行。

四、灵活性练习方法介绍

（一）控制性练习

（1）两臂同时分别向前、后绕环。按教练员口令，两臂做同顺序、不同起始节拍的动作。左手前平举，右手在体侧不动—左手上举，右手前平举—左手侧平举，右手上举—左手下放体侧，右手侧平举—左手不动，右手还原。

（2）两脚开立和并拢连续跳跃，双手从体侧平举至头上击掌，最后还原。

（3）分脚跳时，双手头上击掌，并脚跳时双手侧平举。

（4）连续交换单脚跳跃。前踢腿时，双手尽量摸脚尖；后踢腿时，双臂上挥,反复进行练习,一条腿前踢落地后换另一条腿后踢。

(二) 结合球练习

(1) 持球躺在地板上,自己向上抛球后立即起立将球接住。
(2) 将球用力向地面击打,待其反弹后钻过。反弹1次钻1次,力争钻的次数多。可以两人比赛。
(3) 每人1球,连续运球从教练员拍球空当穿过。
(4) 向前冲,转身鱼跃(或滚翻)接球,再转身接其他动作。
(5) 左、右脚单脚起跳扣球。
(6) 连续接教练员扣、吊和扔的球。

(三) 通过障碍练习

(1) 运动员靠墙手倒立—停稳—听信号翻下—转身移动至栏架前钻过栏架—双脚跳回栏架—双脚跳过栏架—绕栏架跑一圈—钻回栏架—双脚跳过栏架—跑去摸标志线。
(2) 甲跪撑于地,乙在甲体侧做好准备,看到信号后围绕甲跑一圈,双脚跳过甲身体后立即做跪撑,甲再重复乙的动作。如此各做5次。
(3) 把皮筋拉成边长为2米的正方形,皮筋高度男子70~80厘米,女子50~60厘米(看运动员情况而定)。运动员站在正方形之内,看信号双脚跳出,落地后立即钻入并用鱼跃或前扑去摸正方形中的标志物。如此按逆时针(或顺时针)方向做一周,计时。

(四) 个人练习

运动员分别站在四边形的一边,看到信号后按上述方法顺时针方向连续进行,也可以互相追逐。

(五) 结合球练习

(1) 队员站成圆圈,当球飞来时迅速做规定动作,如收腹跳过、俯卧、仰卧、鱼跃、原地鱼跃及原地向后转身鱼跃等。队员做完规定动作后应立即站好,准备做下一个动作。

（2）单人在地上连续做向前鱼跃、向后鱼跃、前空翻等动作，可以再加一人在对面做练习，也可以 4 个人在 4 个方向做。

（六）垫上练习

（1）前滚翻接后滚翻。
（2）鱼跃前滚翻，跃过一个人、2 个人或 4 个人。
（3）前滚翻接跪跳起接后滚翻。
（4）直腿前滚翻接后滚翻推起成倒立。

（七）游戏性练习

（1）躲避球游戏。
（2）地滚球比赛。
（3）拉网捕鱼游戏。
（4）"贴膏药"游戏。

第五节　柔韧性训练方法

一、柔韧性的含义及其重要性

柔韧性是指人体的各个关节的活动幅度，肌肉、肌腱和韧带的弹性和伸展能力。柔韧性是由一定的关节或关节联合的活动范围来体现的。因此，连结关节的韧带、肌腱、肌肉以及皮肤的伸展长度和弹性对柔韧性影响极大。

排球比赛中，要求运动员身体各部分的肌肉、韧带和关节都有良好的柔韧性，特别是肩、腰、髋的柔韧性要好。肩、腰的柔韧性好，可以增大扣球的动作幅度，提高挥臂速度，加大击球点的控制范围。髋关节的柔韧性好，便于弯腰跨步、低姿防守、倒地和起立。柔韧性好的运动员，动作幅度大，效果好，姿势舒展、优美。柔韧性差的运动员动作紧张、僵硬，效果也大受影响。柔韧性差会影响其他素质的发展，容易产生技术错误和运动损伤。因此，柔韧性对于排球运动员也是非常重要的素质之一。

二、影响柔韧性的主要因素

影响柔韧性的主要因素有以下几个：
（1）关节面的活动范围；
（2）关节囊的厚薄、松紧度及其纤维层厚度；
（3）关节韧带、肌腱、筋膜、肌肉的强弱和伸展性；
（4）主动肌的力量及主动肌与对抗肌的协调能力；
（5）气温的高低及准备活动的充分与否；
（6）训练水平的高低和年龄、性别的特点。

三、柔韧性训练应注意的问题

1. 经常性

柔韧性训练要经常进行，使肌肉和韧带的伸展性不断得到发展，尤其要根据专项的特点和运动员的薄弱环节进行训练。柔韧性训练必须坚持循序渐进的原则，决不能操之过急，特别是不能进行急速拉伸肌肉与韧带的动作，要做好准备活动，逐渐增大动作的幅度和难度，以免造成损伤。

2. 与技术动作相似的伸展

柔韧性训练一般应采用动作结构与技术动作相似的伸展练习，并可以结合发展其他素质的练习进行，使之互相促进，朝着有利的方向发展。

3. 抓住柔韧性素质"敏感期"

柔韧性与年龄有很大的关系，儿童时期柔韧性最好，女孩优于男孩，因此，只有掌握生理发展规律，及时抓住发展柔韧性素质的有利时机进行训练，才能取得较好的效果。

4. 充分准备活动

气温对柔韧性有一定的影响，天气温和、全身发热时柔韧性好；天气寒冷、身体发凉时柔韧性差。为取得好的训练效果，教练员在进行柔韧性素质训练时要注意外界温度的高低。当气温较低时,准备活动要做到轻微出汗的程度。

5. 身体疲劳时不宜训练

运动员在身体疲劳时不宜进行专门性、柔韧性训练,否则会增加运动损伤的风险。

四、柔韧性练习方法介绍

(一)发展手指手腕柔韧性

(1)两臂胸前平屈,两手掌心相对,双手指尖向上,十指尖反复相压。
(2)压腕练习。
(3)持木棒做腕绕环。

(二)发展肩关节柔韧性

(1)背对肋木(或排球网柱)站立,双手从后上方握住肋木(或排球网柱),胸腹向前呈弓形。
(2)背对肋木坐下,两手从头上握住肋木,两脚不动,腰向前挺起,持续数秒。
(3)双手握单杠悬挂,脚上悬挂重物(如杠铃片、沙袋等)或由他人施力向下拉,持续数秒。

(三)发展踝关节柔韧性

(1)跪坐压踝。
(2)负中等重量,踝关节做屈伸动作(提踵)。
(3)脚放在高约10厘米的木板上,脚跟着地,做负重全蹲练习。

(四)发展髋关节柔韧性

(1)面对肋木,一腿站立,另一腿搁在高于腰的肋木上(可逐格升高),正侧位压腿。

（2）纵劈腿，横劈腿。

（3）屈腿坐下，两脚掌心相对，双手将膝关节向下弹压。

（4）面对肋木单腿站立，双手胸前握住肋木，向左右和向前后摆另一腿。

（五）双人练习

（1）两人面对面站立，手臂互握，压肩练习。

（2）两人背向站立，双手上举互握，一人向前拉肩。

（3）两人同时抬腿前压。

（4）两人并肩站立，内侧手臂互握，同时踢腿。

（5）两人背向站立，互相背起。

（6）一人并腿或分腿坐地，另一人推其背帮助向前压上体。

（7）一人跪地后屈，另一人在其身旁进行帮助。

第六章　排球运动员心理素质训练方法

第一节　排球运动员心理技能训练

一、排球运动员心理技能训练概述

1. 心理技能训练的内涵

心理技能训练从广义上讲是指有目的、有计划地对受训者的心理过程和个性心理特征施加影响的过程。从狭义上来讲，心理技能训练是采用特殊的方法和手段，使受训者学会调节和控制自己的心理状态，进而调节和控制自己运动行为的过程。

心理技能训练是现代竞技运动训练系统中不可缺少的部分，影响和制约着运动员身体、技术、战术水平的改善和提高，可促进运动员心理过程的不断完善，形成专项运动所需要的良好个性心理特征，获得高水平的心理能量储备，使运动员的心理状态适应训练和比赛的要求，为达到最佳竞技状态和创造优异成绩奠定良好的心理基础。

2. 运动心理技能训练的性质

体育运动中的心理技能训练简称为心理训练，其定义有广义和狭义两种。

（1）广义上的理解是指在体育运动中，有意识、有目的地对运动员施加影响的过程，使其心理状态发生变化，达到最适宜的程度以满足提高运动技术水平和增进身心健康的需要。

（2）狭义上的理解是指采用专门性的具体训练方法来改变运动员或学生的某一具体心理因素，以适应体育教学、训练和比赛的需要。

广义的心理训练是采用各种方法对运动员的心理施加影响的过程，着眼于心理状态的普遍适应和改善。狭义的心理训练则是采用心理调节的专门技术手段进行训练，要求提高具体的心理素质或克服某种心理障碍。在实际应用中，两种心理训练是紧密联系、相辅相成的。作为统一的心理训练概念，不应当人为地把两者割裂开。

二、心理训练的重要作用

1. 提高心理活动水平

运动竞赛的实践证明，优异运动成绩的创造和激烈比赛的获胜取决于多种因素，其中，身体素质是保证运动质量的生理物质基础，运动技术是基本条件，而心理素质是两者能够发挥作用的内部动力。平时没有良好的心理训练，没有一定的心理素质水平，即使具有较好的身体和技术水平，在比赛中也难以取得好成绩。运动实践表明，心理因素是运动员或学生在教学、训练和比赛中控制、调节自己生理活动和技术动作的主导因素。原因如下：

（1）心理活动水平太低，就不能对生理活动和技术动作进行有效的控制和调节，在这种情况下，尽管具有较好的身体素质和技术水平，也不能使其充分发挥作用。

（2）如果心理活动水平过高，充足的生理活动能量会冲击心理状态，使其产生心理紧张；冲击肌肉动作，使其用力过大，动作变形，造成比赛或训练的失误。

因此，必须用心理训练的方法，提高心理活动的强度（激活水平），使其达到能进行自我控制、调节的水平，以适应教学、训练和比赛的需要。

2. 控制心理活动强度

运动实践表明，运动员或学生在竞赛活动中，不仅有巨大的体力消耗，同时也要承受极大的心理负担，良好的心理素质是身体素质、技术、战术等能否充分发挥的重要保证。在教学、训练和比赛中，要求运动员或学生具有一定的心理强度。如果心理强度不足，则无法实现对身体素质和技术动作的主导作用。但是这种心理活动的强度要适宜，不能太强，太强会因对身体素质和技术动作的不适当调节造成失误。

在体育教学、训练和比赛中，一切运动技术动作的充分发挥都必须靠适宜的心理活动强度才能实现，也就是需要保持一定的身心力量平衡。如果失去平衡，由于身心任何一方超过了需要的限度，就会导致技术动作的变形，直接影响教学、训练和比赛的效果。因此，教练员在教学和运动训练中，要对运动员或学生进行一定的心理训练，使其心理活动水平适合身体素质、技术动作的同步发展和提高，适应比赛的要求，始终维持身心力量的协调性。

3. 掌握和改进动作技能

在体育教学和运动训练中，学生对于运动技术的学习，不单是对肌肉活动的训练，而且也是对大脑的心理机能训练，运动技术的学习过程实际是智力和体力活动结合的过程。因此，心理训练和技术训练同等重要，并且二者是密切联系的。

4. 消除疲劳、恢复体力

在教学、训练和比赛中，运动员或学生承受了较大的运动负荷，因此在紧张的比赛活动和大运动量训练时，往往出现疲劳和体力不佳，心理训练有助于他们消除疲劳和恢复体力。心理训练还能帮助运动员或学生克服恐惧、消除紧张和心理障碍。例如，通过生物反馈训练，对于消除过度紧张、恐惧和焦虑心情有很大作用，对治疗一些疾病也有好处，如通过"脱敏"训练就可使运动员或学生比较冷静地对待比赛等。心理训练对于集中或转移人的注意力、调节和培养人良好的活动动机、发展人的意志品质等都有积极的作用。

第二节 排球运动员一般心理训练

凡是对某种心理现象施加影响，使其发生变化的措施都可称为心理训练。在体育运动中，由于运动员专项、年龄和个体心理特点的不同，对所从事的各个专项的运动员或学生进行心理训练时采用的方法也应当有所不同。排球运动员的一般心理训练方法大体可以分为如下几种。

一、行为注意理论式训练

（一）放松训练

这是一种专心致志使自己身心放松的方法。运动员、学生进行一次大运动量的技术、战术训练或比赛之后，他们的体力、脑力消耗很大，在一般情况下，这种体力和脑力的恢复可以自然完成。但是，往往在大强度的训练和剧烈的比赛中，有的单靠自然休息还不能恢复体力、脑力，其产生的疲劳现象（主要是精神疲劳）都会影响训练水平的提高和比赛成绩。实践证明，进行良好的放松训练，对于有效地减缓和消除疲劳有重要作用。

1. 放松训练的概念

放松训练是以一定的暗示语集中注意，调节呼吸，使肌肉得到放松，从而调节中枢神经系统兴奋性的方法。目前，人们普遍采用的是美国芝加哥生理学家雅克布逊首创的渐进放松方法、奥地利精神病学家舒尔兹提出的自生放松方法和中国传统的以深呼吸和意守丹田为特点的松静气功这3种放松方法。各种放松练习方法的共同点是，注意高度集中于自我暗示语或他人暗示语、深沉的腹式呼吸、全身肌肉的完全放松。

2. 放松训练的作用

（1）放松与暗示效应。放松练习后，大脑呈现一种特殊的松静状态。这种状态有别于日常的清醒状态、做梦状态或无梦睡眠状态，通俗地称它为半醒的意识状态。此时，人的受暗示性很强，对言语及其相应形象特别敏感，容易产生符合言语暗示内容的行为意向。

（2）身体放松与心理放松。人们在平时的日常生活中常有这样的体验，心理紧张时，骨骼肌也不由自主地紧张，如肌肉发抖僵硬、说话哆嗦、全身有发冷的感觉等，而当心理放松时，骨骼肌也自然放松。由此可见，大脑与骨骼肌具有双向联系。因此，肌肉活动积极，从肌肉往大脑传递的冲动就多，大脑就更兴奋，准备活动就起这种作用。反之，肌肉越放松，向大脑传递的冲动就越少，大脑兴奋性就降低，心理上便感到不紧张了。

3. 放松训练的方法

放松训练的具体方法有很多，如自我暗示放松训练、自律训练、肌肉骨骼放松训练、超觉静坐、催眠术等。进行放松训练时，一方面，以一定的自我暗示套语使肌肉得到充分放松，体会四肢的沉重和温暖感，同时由于呼吸频率放慢而对心率、血压等植物性机能产生良好的影响。另一方面，当身心处于放松状态时，大脑皮质的兴奋度降低，同时借助于重复默念有积极肯定愿望的公式套语，使意念更集中到放松的感觉上。心理放松训练可以有效地消除紧张情绪和神经系统的疲劳现象，这是一种调节身心、控制情绪的好方法，但必须坚持系统的反复训练，才能达到预期的效果，绝不是短时期内能够奏效的。

在自我暗示放松训练中，常用下列的放松语言公式：

（1）"我安静了，很安静了。"

（2）"我的双手放松、暖和了。"

（3）"我的双手完全放松、暖和了，不能动了。"

（4）"我的两腿放松、暖和了。"

（5）"我的两腿完全放松、暖和了，不能动了。"

（6）"我的肩、背、腰都放松、暖和了。"

（7）"我的肩、背、腰完全放松、暖和了，不能动了。"

（8）"我的颈部放松、暖和了。"

（9）"我的颈部完全放松、暖和了，不能动了。"

（10）"我的脸部放松、暖和了。"

（11）"我的脸部完全放松、暖和了，不能动了。"

放松后的启动语言公式：

（1）"我休息好了。"

（2）"我呼吸加快了。"

（3）"像有凉风吹拂过我的身体，很凉快。"

（4）"我的头脑现在很清醒，很舒服。"

（5）"我的胳膊、腿、肩、背、腰、颈、脸的肌肉都很轻松，有弹性了。"

（6）"我精力充沛要去训练了。"

然后，深吸一口气，呼气时睁开眼，慢慢站起来走 2～3 分钟，并做轻微的活动，以上最少重复两次，用逐渐提高和加快的声调连续默念两遍。如果在睡前练习放松，可不用启动公式；午睡时，可在入睡前让脑子里出现起床时的时钟指针表象，到时间就能按时醒过来，练习越熟练，误差越小。如放松后要进入积极状态，可在启动公式中加进身体各部分开始发凉的句子，最后还可以加上"我越来越振奋""我就像压紧的弹簧"……

（二）生物反馈训练

1. 生物反馈训练的概念

生物反馈（或生理回馈）是利用电子仪器将与心理生理过程有关的机体生

物学信息（如肌电、皮电、皮温、心率、血压、脑电等）加以处理，以视觉或听觉的方式显示给人（即信息反馈），训练人们通过对这些信息的认识，有意识地控制自身的心理、生理活动，即通过中枢神经系统（Central Nervous System，简称 CNS）调控以往难以调控的植物性神经系统（或自主神经系统）（Autonomic Nervous System，简称 ANS）的功能或者调控运动行为。例如，运动员在训练或比赛中出现了情绪紧张，在生理上表现为植物性神经系统控制的机体部分发生一系列变化，如心率加快、血压升高、毛细血管扩张等。使用电子仪器显示各种信号（主要是视听信号），告诉运动员紧张情况下的主要生理机能反应，从而将紧张控制在适宜程度，这就是"生物反馈"的作用。

生物反馈训练不仅具有调整情绪状态、消除过度紧张、改善机体各器官系统机能的作用，而且可以提高运动感知能力，加速运动技能的形成，使技术动作更为协调。如运动员练习动作时，利用肌电仪让运动员在示波器上直接观察肌电变化，可以提高运动员的肌肉用力感觉，精确区分完成动作的用力肌肉、用力时间和用力强度，从而加速运动技能的形成与完善。在耐力性项目的运动中，使用心率监测仪使运动员能够直接观察到自己的心率变化情况，以便调节和控制练习的强度。

2. 生物反馈训练

生物反馈是指人的活动结果又成为信息反映在头脑中。生物反馈就是使人知道内脏活动的信息，了解内脏器官活动的效果，从而学会控制内脏器官的活动。生物反馈训练又称"内脏学习""自主神经学习"或"教育自己的内脏"，是利用现代化电子仪器把自身内脏活动的信息显示出来，使自己知道并了解自己行动的效果，从而有意识地去控制行动。这种训练方法实际上是使训练者把生理功能变化的方向和自己的感觉联系起来，逐步学会在某种程度上调节自己的生理功能并向有利方向变化的训练方法。这种方法对消除过度紧张、恐惧和焦虑心情很有作用，对治疗一些疾病也有作用。运动员或学生在训练和比赛时，往往出现情绪紧张等现象，这种现象必然在生理方面有所反应，特别是植物性神经系统控制的各部分发生变化，如心率加快、毛细血管扩张、血压升高等。通过生物反馈训练，学会如何控制自己的这些反应，进而消除紧张，使肌肉放松到理想状态和最佳的心理激活水平，同时也可以调节心率及血压，改善情绪状态。

这种方法的效果要经过较长时间的训练才能显示出来，因为对植物性神经系统进行调节和控制，时间太短是不行的。实践证明，生物反馈训练不仅可以稳定运动员的情绪、消除紧张心理，而且能加速消除疲劳。

（三）系统脱敏训练

系统脱敏训练（或敏感递减训练）是心理治疗中的行为治疗方法之一，可用于特殊领域的焦虑或恐惧症，其理论依据主要是沃尔普等人提出的相互抑制原则。沃尔普认为，神经症习惯是在引起焦虑的情境中把中性刺激与焦虑反应相结合而习得的。如果在引起焦虑刺激的情况下产生一种与焦虑不相容的反应，如放松、自信等，那么刺激与焦虑反应之间的联系必将减弱，他称这个过程为相互抑制。一个人不能同时既紧张又放松，处于完全放松状态时，本来可引起焦虑的刺激也会失去作用，即对此刺激脱敏了。在体育运动领域运用系统脱敏训练，可以帮助运动员解决一些情绪问题，如赛前焦虑。以整体环境为主，叫情境表象，也可以个人运动动作为主，称动作表象，前者旨在提高情绪控制的能力，后者旨在提高运动技能，当然，两者往往是交叉的。

二、认知理论式训练

（一）表象训练

1. 表象训练的内涵

表象训练是教练员、运动员和体育运动心理学工作者运用得最为普遍的一种心理技能训练方法，被视为心理技能训练的核心环节。它是在暗示语的指导下在头脑中反复想象某种运动动作或运动情境，从而提高运动技能和情绪控制能力的方法。表象训练有利于建立和巩固正确动作的动力定型，有助于加快动作的熟练和加深动作记忆；赛前对于成功动作表象的体验将起到动员作用，使运动员充满必胜的信心，达到最佳竞技状态，这有助于消除肌肉酸痛和单调乏味的感觉。

2. 表象训练的依据

念动现象及心理神经肌肉理论是当产生一种动作表象时，总伴随实现这种动作的神经冲动，大脑皮质的相应中枢会兴奋，原有的暂时联系会恢复，这种兴奋会引起相应肌肉进行难以觉察的动作。运动表象时引起的这种运动反应称作观念运动反应（或念动动作）。

3. 表象训练的方法

表象训练也称念动训练、回忆训练或想象训练。念动训练主要是运动员或学生有意识地、积极地利用自己头脑中已形成的运动表象，并配合适当的语言暗示进行训练的一种方法。运动表象有时也称动作表象，它是综合的表象，包括视觉表象（如动作的形态、过程）和动觉表象（如内部用力感觉、节奏）。念动训练时，往往配合语言暗示（如关键要领），语言可制成"套语"使之固定化、程序化。这种内部重复演练动作表象的训练过程，能使表象过程中相应动作部位产生肌电活动。为此，应注意以下几点：

（1）运动表象越清晰准确，完成的动作就越准确。在头脑中准确地重现出某个动作形象并不是一件容易的事情，运动员或学生要在这方面进行反复练习。

（2）运动表象必须是视觉和动觉相结合的综合表象。如果只呈现视觉表象，那么念动训练的效果就会受到影响。通过实际练习，运动员或学生可进行自我检查与对比，以提高运动表象。

4. 运动表象的形成过程

运动表象的形成过程分为两个阶段，在建立阶段，运动员首先形成有关动作的大致轮廓，但动作时间、空间、力量特点都不大清楚，主要成分是视觉表象；在相对准确化阶段，运动表象中反映的动作时间、空间、力量特点逐渐清晰，主要成分是动觉表象。

（二）认知调节训练

一般来说，运动员情绪的调节与控制可以从两个方面着手：一是采用以生理调节为主的方法，如放松训练；二是采用以认知调节为主的方法，如本节将要介绍的合理情绪调节训练和暗示训练，这种认知调节训练，就是要提高运动员对情境评价与处理问题的能力，在复杂的比赛情况下依靠运动员自己解决问题。

认知调节训练，也可称为认知—行为调节训练，源于20世纪50年代发展起来的行为矫正技术，行为矫正是连接临床心理学和实验心理学的主要桥梁，在早期，这一领域中的大部分工作都是运用实验室中的学习理论来解决行为问题。约瑟夫和沃尔普的工作也许是此类方法的典型代表。众所周知，行为主义者关于人类行为的看法和态度同斯金纳的观点有密切关系，这种观点强调外显的行为，而对思维和情感不屑一顾，认为这些内部行为难以用系统的科学方法进行研究。

一般来说，认知调节过程有 4 个阶段。第一个阶段是探查阶段，此时，心理学家要了解服务对象各方面的情况，比如，他是如何看待周围世界的，是如何建立和组织自己的认知系统的。第二个阶段是教育阶段，此时，心理学家帮助服务对象建立一种新的认知模式，把问题看作是可以解决的，并采取具体的方法解决问题。第三个阶段是巩固阶段，继续进行帮助。第四个阶段是评价阶段，评价帮助措施和服务对象的行为变化在他生活中的意义。当然，这 4 个阶段并无明显区分，新问题的产生或旧问题的解决都可能导致人们在这 4 个阶段之间的不断跨越。

（三）暗示训练

暗示训练是利用言语等刺激对运动员的心理施加影响，进而控制行为的过程。我国的气功与印度的瑜伽运用了许多自我暗示的方法，19 世纪初，德国学者舒尔茨到印度，对瑜伽的暗示法进行了调查研究，他回国后，在给病人治疗时，把患者分为给药组和给药加暗示组，经过一段时间治疗，发现自我暗示对疾病治疗有显著效果。他在 1932 年出版了《自我暗示训练》一书，从而揭开了对自我暗示进行科学研究的序幕。

运动心理学家的研究表明，自我暗示能够提高动作的稳定性并能增加成功率，有的运动员在训练日记中回忆说："我为了要消除赛前的惊慌，使大脑安静下来，我的暗示口诀是：镇静，镇静，镇静就是胜利；我相信我的力量，我一定能取得胜利。"

三、模拟训练

模拟训练实际上是一种适应性训练，或称为脱敏训练，这是将训练安排在与比赛条件相似的环境下进行的一种训练方法，能使运动员逐步适应比赛的特殊环境，有利于提高临场的表现效能及比赛水平。同时，通过模拟训练，排除运动员或学生参加比赛时产生的不良心理状态。为了达到这个目的，必须对即将参加比赛的对手、场地、设备、照明、器材、观众、气候、时间等条件掌握得十分清楚，才能进行模拟训练。模拟时还要注意在生理、心理、环境等各方面尽量做到与赛前实际情况类似。

模拟有实战实景模拟和语言形象模拟两种。"实战实景模拟"就是创造与比赛实际相类似的条件进行训练，培养运动员的适应能力。如条件许可，应使运动员提前到达比赛地点和场地进行训练，或者到与比赛地点的气候、环境相类似的地方进行训练，进行和比赛同样要求的测验，制定和执行与比赛地点"时间差"相同的作息制度，都属于实战实景的模拟训练。"语言形象模拟"是利用语言来描绘未来竞赛时的情形，对手的行动和自己的行动，这种模拟要配合图表、图片、照片、录像、电影等，使之具体化。经过"模拟训练"，有利于技术战术从运动训练场转移到比赛场上。

在模拟训练中，由于项目不同，采用的模拟训练方法也有所不同。如在一对一的项目中，可以选择一些适当的竞赛对手进行"实战"训练。这些训练都应在模拟的类似条件下进行。我国运动员在出国比赛之前，也曾做过模拟训练的尝试，包括对运动员作息时间的安排、在比赛中可能出现的问题、环境因素的干扰等，都进行了设计，这对克服运动员的紧张心理和对比赛环境的适应都是大有好处的。

四、其他心理训练

（一）集中注意力训练

注意力集中是坚持全神贯注于一个确定目标，不为其他内外刺激的干扰而产生分心的能力。

运动员注意力的集中是非常重要的。根据实验研究，注意力集中能力对于射击运动员提高运动成绩十分重要。注意力集中能力包含意愿的强度、意愿的延长和注意力集中的强度、注意力集中的延长这4个方面。注意力集中的强度依赖于精神机能，而注意力集中的保持和延长却取决于肉体机能。当精神疲劳时，注意力集中的强度就变弱，当肉体疲劳或生病时，注意力集中的延长就降低，当情绪不好，杂念多时，注意力也难以集中。因此，注意力的训练是一个综合的努力过程，所采用的训练方法也是多方面的。

实验研究指出，行之有效的集中注意力训练应注意以下6个方面：
（1）对从事的活动要有强烈的兴趣，来自内部的兴趣动机更能使人全神贯注。
（2）在日常生活中养成办事有头有尾的习惯，不能见异思迁。
（3）练习视觉守点、听觉守音的集中能力。
（4）在比赛中把自己忘掉，用身体体会进入集中注意力的境界。

（5）在比赛中把环境忘掉，不想比赛和名次，而想如何敏捷地做动作。

（6）消除担心、害怕心理，避免情绪波动。

此外，在心理训练中，有的学者研究，采用看手表、注意物体、注视墙上的圆圈等方式的练习也颇有成效。看手表的练习是指先看表的秒针，把注意集中在秒针上，看 1 分钟、2 分钟、3 分钟，找出自己能坚持注视秒针的时间。如注意始终不离开秒针能坚持 1.5 分钟，把这个时间记下来，然后进行练习时，每次坚持 1.5 分钟，连续 3~4 次，每次练习后休息 10~15 秒。经过多日训练，每次练习的时间逐渐延长，当能集中注视秒针达到 5 分钟后就转入注视分针的练习。当能集中注视 5 分钟时，说明集中注意能力得到提高，这样的练习可以在任何时候进行，尤其是在大脑疲劳、注意力不易集中的情况下进行练习，会收到更好的效果。

（二）智力训练

智力是人们在掌握和表现运动技能的过程中必须具备的心理特征，从中国学者的研究中可以看出这样 3 个研究特点：第一，智力结构中的一般因素或一般智力发展水平；第二，测量工具多为标准化的智力测验，如韦氏智力量表和瑞文标准推理测验；第三，多数学者认为体育活动能够促进人的智力发展。

根据国内外研究结果，可归纳出如下一些趋势：

（1）高水平运动员具备中等或中等以上水平智力。

（2）体育专业学生的智力发展水平与文理科学生的智力发展水平无显著差异。

（3）运动专项不同，取得优异成绩所要求的智力特征也不相同。

（4）运动技能的类型不同、水平不同，智力因素对技能获得的影响也不相同。

（5）运动技能学习阶段不同，智力因素对掌握运动技能的影响也不同。

（6）智力缺陷儿童的智商分数越低，技能操作成绩也越差，掌握运动技能也越困难。

（7）在所完成的操作任务难度和智商分数之间有中等程度过渡到高的。

上述定义强调，我们应当在具体运动情境条件下来把握和理解运动智力，另外"必须具备的心理特征"主要是指运动员的认知因素，即与运动信息加工过程中编码、储存、提取、决策问题有关的知觉、注意、记忆和思维等因素。

另外，正确理解运动员的智力水平具有重要的意义，有助于消除某些人认为运动员"四肢发达，头脑简单"的错误观念，有利于运动员的选才工作。在选才工作中，不但要关注运动员是否具备成为高水平运动员所必须具备的中等以上的智力发展水平，而且要更关注运动员在具体运动情境中解决问题的能力。对运动员智力的正确理解，还可以使我们正确认识体育运动与智力发展的关系。

（三）意志训练

人的意志品质是决定人心理的一个因素。在训练中，可以有意识地设置一些快速变化的困难，培养运动员当机立断、正确估计危险程度、毫不犹豫完成决定的果断精神。克服主观困难的方法可采用说服教育、榜样作用、自我命令等。克服客观困难的方法可采用改变负荷、练习难度、降低要求和环境条件的改变等。通过训练锻炼并提高运动员的自制能力，使其能自如地控制情感，养成坚定的意志品质，保证运动员在比赛中能充分发挥其竞技能力。

（四）表情调节

表情调节是有意识地改变自己面部和姿态的表情以调节情绪的方法。情绪状态与外部表情存在着密切有机的联系，因此有"情动于中而形于外"的说法。情绪的产生会伴随一系列生理过程的变化，并因而引起面部、姿态等外部表情。如愉快时，兴高采烈，笑容满面，手舞足蹈；愤怒时，横眉竖眼，咬牙切齿，紧握双拳；沮丧时，垂头丧气，肌肉松弛，萎靡无力等。既然情绪状态与外部表情存在着密切而有机的联系，我们就可能通过改变外部表情的方法而相应地改变情绪状态。如感到紧张、焦虑时，可以有意识地放松面部肌肉，不要咬牙，或者用手轻搓面部，使面部肌肉有一种放松感。当心情沉重、情绪低落时，可以有意识地做出笑脸，强迫自己微笑，假如做不到，可以看看别人的笑脸，或者想一想自己过去最高兴的某件事，也可以想一想自己过去最得心应手的比赛情境。

（五）活动调节

大脑与肌肉的信息是双向传导的，神经兴奋可以从大脑传至肌肉，也可以从肌肉传至大脑。肌肉活动积极，从肌肉向大脑传递的冲动就多，大脑兴奋水平就高，情绪就会高涨。反之，肌肉越放松，从肌肉向大脑传递的冲动就越少，大脑的兴奋性就降低，情绪就不会高涨。活动调节利用不同速度、强度、幅度、方向和节奏的动作练习，可以控制运动员临场的情绪状态。例如，情绪过分紧张时，采用一些强度小、幅度大、速度和节奏慢的动作练习，可以降低情绪的兴奋性，消除过度紧张。情绪低沉时，可采用幅度小、强度大、速度快和节奏快的变向动作练习，通过反复练习，可以提高情绪的兴奋性。

（六）音乐调节

通过情绪色彩鲜明的音乐控制情绪状态的方法叫音乐调节。音乐能够影响人的身心健康，这一概念早已被人们所接受。例如，人们可以听着催眠曲进入梦乡，唱着歌曲减轻繁重体力劳动造成的疲劳等。研究表明，音乐能使人产生兴奋、镇定、平衡3种情绪状态。音乐给予人的"声波信息"，可以用来消除大脑工作所带来的紧张，也可以帮助人们内在集中注意力，促使大脑的冥想状态井然有序。因此，人们喜爱的曲子或一种具有特殊节奏的音乐，可使人身心放松，也可以使人身心兴奋处于机敏状态。运动员赛前如果有异常的情绪表现（如过分紧张），听一段轻音乐或喜爱的歌曲，往往能收获调节情绪的良好效果。

（七）呼吸调节

通过深呼吸可以使运动员的情绪波动稳定下来。情绪紧张时，常有呼吸短促现象，特别是过于紧张时，运动员常有气不够喘或吸不上气来的感觉，这是呼气不完全造成的。这时可以采用缓慢的呼气和吸气练习，使情绪的兴奋性下降。情绪低沉时，可以采用长吸气与有力的呼气练习，提高情绪的兴奋水平，这就是呼吸调节。这种方法之所以奏效，是因为情绪紧张时，呼吸快而浅，由于快呼吸，使体内吸入大量氧气，呼出大量二氧化碳，问题在于二氧化碳呼出过多，会使血流中的二氧化碳失去平衡，时间一长，中枢神经便迅速做出抑制性的保护性反应，这时，采用加深或放慢呼吸频率的方法来消除紧张，经过一小段时间后，就会得到稳定情绪的效果。

（八）颜色调节

在竞赛中也可以利用联觉现象通过颜色调节运动员的心理状态，即为颜色调节。例如，过分紧张时，看绿、蓝、紫色，具有镇静作用，设法用绿毛巾擦汗，饮用带绿色的饮料，到蓝色环境中休息一下，可使过度紧张得到缓解。如果运动员临场精神状态不振,则应多给以红色或黄色刺激。排球运动比赛所用球由原来的一种浅色改为现在的彩色球,除了适应电视转播和利于运动员判断球旋转方向外,也是为了调节运动员枯燥的训练,在视觉上增加色彩的刺激,从心理上起到振奋情绪的作用。排球运动员现在的比赛服与以往相比,也是多彩多姿,其中也有用颜色调节心理的原理。

(九) 语言调节

语言调节或称暗示调节,是使用语言对心理活动施加影响的方法,也可用手势、表情或其他暗号来进行。暗示现象在日常生活中有着广泛的作用。暗示不仅对人的心理和行为产生影响,还可以影响人的生理变化,暗示作用有积极的,也有消极的。

暗示可分为自我暗示和他人暗示。竞赛之前和竞赛之中,教练员与运动员应尽量用积极语言分析对手情况,制订战术,树立信心。避免使用消极词语,如用"我很镇静"代替"我不紧张",用"我充满力量"代替"我还没有疲劳",用"我站得很稳"代替"千万别摔倒"等。教练员应十分注意自己的手势、姿态、面部表情和眼神,这些都是传递暗示信息的媒介,可能对运动员的心理带来重要影响。如中国女排国家队前主教练陈忠和就深谙此道,女排姑娘们比赛时,他在场外总是一副笑脸,及时地给予鼓励和安慰,不断调节队员的情绪,使她们始终处在积极向上、奋勇拼搏的情感状态当中。同时,运动员自身的表现也可能对队友产生影响。

第三节 排球运动员比赛心理训练

一、赛前心理训练方法

(一) 运动员赛前心理状态分析

竞赛是一种特殊的体育活动形式,体力和心理都处于高度紧张状态。这些都对运动员的心理产生不同程度的影响,使心理状态发生变化,随着比赛期的临近，这种变化和影响也日益显著，有时出现在赛前几天或几小时，表现形式多种多样。根据运动员参赛的实际情况，一般可分为4种心理状态。

1. 振奋积极状态

这是一种有利于比赛的心理状态。运动员对比赛的目的、任务明确，有强烈的责任感。表现为：劲头十足、精神饱满、积极性高、注意力集中、渴望发挥自己的力量、坚信自己在比赛中能够获胜或取得好成绩，同时也能清楚地了解和评价自己技术上的优、缺点以及在比赛中如何应对各种变化。这种战斗的心理状态，使运动员的生理状态、心理状态都处于高水平（心血管，呼吸系统），兴奋和抑制处于最佳状态，其兴奋正好达到比赛所需要的程度，而不超过能控制自己动作的界限。他们在即将到来的比赛中，能尽最大的努力完成任务，比赛成绩往往能达到或超过预期的水平，这种状态突出的一点是想比赛的情绪，对于参加比赛，不认为是负担，而感到是一种快乐的情绪体验。

2. 紧张胆怯状态

这是一种不利于比赛的心理状态。运动员对即将到来的比赛表现为：忐忑不安、过度兴奋、情绪急躁、不知所措、头脑昏沉、注意力不集中，对表现自己原有水平和战胜对手缺乏信心。生理方面也会出现呼吸急促、脉搏加快、血压升高、失眠厌食、手或腿发抖、浑身打战、口渴等现象，在比赛中能力下降、动作失常，比赛是在失控的状态下进行的。这种状态一般发生在训练水平低或新手身上。此外，还有其他因素，如重大比赛输后怕受领导或教练的训斥，观众与亲友来捧场，过多地考虑比赛的胜负和个人的得失，从而产生心理压力。从生理机制上分析，兴奋度低，大脑皮质信息传送不充分，或兴奋过头，信息传送也过头，正确而合乎要求的应是大脑皮层机制表现在两者之间的兴奋度上。

3. 消极淡漠状态

这是一种较差的心理状态。运动员对即将到来的比赛抱着消极逃避的态度，责任心不强，态度淡漠，不想参加比赛，注意力分散。从某种意义上讲，就是处在没有战斗意志或意气消沉的状态中。运动员赛前感到全身无力，兴奋不起来，准备活动后，仍没有竞赛的欲望，心理状态处于低水平。这种状态的运动员，在比赛中反应迟缓，动作节奏慢，没有争取胜利的欲望，更谈不上以最大努力去完成任务，比赛成绩至多达到自己原有的一半水平。产生这种状态的运动员，大多对比赛目的不明确，对自己失去信心或认为比赛无所谓，责任心差。

4. 盲目自信状态

这种状态是对即将到来的比赛困难估计不足，过高地估计自己的力量，盲目自信，在比赛中随随便便，不能充分地动员自己全部力量去克服困难，去认真面对比赛。注意力不集中，注意强度下降，知觉和思维迟钝，虽然情绪是饱满的，但属于盲目乐观。产生的原因主要是指导思想不对头，掌握了解的情况不全面，过低地估计了对手的实力，或者是运动员自身傲气，目中无人。

从以上4种赛前运动员的心理状态的表现可以看出，它们对比赛成绩各自都有着不同程度的影响。针对以上几种表现，就要相应地采用一些心理训练方法来调整或使运动员形成一种优良的赛前心理状态，使其在比赛中能更出色地发挥自己的水平。

（二）运动员赛前心理训练方法

运动员的心理训练是一个教育过程，一般不使用仪器和药品，主要是利用语言或文字暗示，通过第二信号系统来调节中枢神经的兴奋性，在比赛前使用，效果甚佳。

1. 放松训练法

放松是一项最基本的心理技术，是各种心理训练的基础，包括精神放松和肌肉放松两个方面，两者相互联系、相互影响。因为人体是一个统一的有机体，精神（心理）和肌肉的联系是双向传导的，信号不仅从大脑传至肌肉，也从肌肉传至大脑，肌肉越紧张，大脑则越兴奋，精神（心理）也越紧张；反之，肌肉放松，精神（心理）也越安静、越放松。根据这一原理，放松训练可由两个渠道进行：第一个渠道是通过精神（心理）上的放松导致肌肉的放松，以顺利完成技术动作和解除疲劳；第二个渠道是通过肌肉的放松导致精神（心理）上的放松，以保持良好的心理状态，使运动员在比赛中获得最佳的运动成绩。在进行放松训练时，一定要与自我暗示相结合，即利用语言对身体机制进行调节，自己对自己说话，发出"命令"，这样可以增加放松的效果。放松训练不仅可使运动员消除赛前身心紧张状态，使其协调自如地参加训练和比赛，而且是消除训练和比赛疲劳的有效手段。

2. 集中注意力训练法

所谓集中注意力，就是把思想全神贯注地集中到某个事物上，这时，各种与注意焦点无关的事物或杂念会被暂时排除，运动员在赛前能够高度集中注意力，是获取比赛优异成绩的关键因素。一般情况下，集中注意力的训练，应当安排在掌握放松技术的基础上进行，每次训练前应当让运动员先放松，使其感到安静、舒适后再施以集中注意力的训练。

3. 想象训练法

想象训练法也叫意念训练法，是美国科罗拉多州立大学心理学家理查德苏因率先提倡的，其目的在于让运动员赛前在头脑里进行一次"身临其境"的比赛，让运动员在头脑里想象比赛的技术和完成技术动作的典型条件，对产生预期成绩的全部动作技术过程和情绪感受，进行反复的想象、体验和心理反应。通过想象训练，可加速提高掌握动作的质量，形成完整动作的准确性。经常进行想象训练，不仅可以增强运动员对动作技术的熟练程度，而且可以巧妙地处理情绪和杂念。但在进行想象训练时，须注意两点：第一，运动员在想象中所完成的技术动作必须是正确的、理想的、成功的动作技术。如果想象中出现错误或失败动作，那么在实际操作中也有可能出现，这就是所谓心理障碍的理论依据。第二，运动员在想象过程中，完成动作技术与克服消极情绪同步进行。也就是说，在进行想象训练时，如果出现胆怯、害怕等情绪时，应立即加以克服，要始终想象正确的动作技术和想象成功的比赛。

4. 模拟训练法

所谓模拟训练法，就是指将训练与正式比赛在条件相似的环境下所进行的一种心理训练方法。通过这种按实际要求进行训练的形式，可以有效地提高运动员临场比赛的适应能力。模拟训练通常有两种方法：第一是现实模拟，即运动员在比赛形式、比赛对手、比赛时间安排、气候情况、场地器材设备等各种因素都与正式比赛相似的情况下进行训练；第二种是通过录像、电影、图片、录音、语言等手段进行模拟训练。通过模拟训练可以及时发现运动员在赛前各种身体素质、技术水平和心理状态等方面的问题，从而可以及时得到改进和弥补，这对正式比赛时发挥应有的技术水平是很有益处的。同时，通过模拟训练可以增强运动员参加比赛的信心与斗志，改善运动员的自我控制能力等。大脑皮层具有与比赛任务相适应的神经兴奋过程，并反映出良好的心理过程，如感、知觉的灵敏性提高，观察深刻，注意力集中，注意范围扩大，思维过程清楚、敏捷，具有稳定而深刻的增力情绪，动作反应迅速准确，体力和意志力都能得到最大限度地发挥，这是比赛之前最好的前提条件。这种最理想的赛前状态，是运动员长期科学训练和严格要求的结果，是心理训练的成绩，是运动员自我控制和调整的有效表现。

二、赛中心理状态的分析及调控方法

在激烈的比赛过程中，运动员随着竞争形势的变化，明显地表现出各种不同的心理状态。从球类运动员参与临场比赛的过程和从对手实力强弱及暂时面临的形势来看，运动员心理状态的变化有以下几种：斗志旺盛，并能充分控制自己的行动，全力以赴投入战斗；由于争夺激烈，胜负难分，运动员的心理状态也随着变化而出现一定程度的紧张时，有的运动员则能随时进行自我调整，始终保持适宜的激活水平，充分发挥出技术水平；有的运动员由于战局紧张，而导致情绪紧张，情绪上的拘谨又容易引起行动上的犹豫，往往贻误战机，使其思想上担心出错而更容易出现错误。此时，需要教练员及时地给予指导以消除思想上的顾虑。

（一）临场替补队员的心理状态特点

由于主要替补队员经常上场，对于上场的任务和教练员的指导意图比较明确，对场上的情况观察得比较详细，思维过程清楚，情绪比较稳定，心理上准备充分，决心大，信心足，上场能够发挥自己应有的作用。平时很少上场的运动员，由于缺乏比赛实践锻炼，面临场上竞争激烈的形势时，一般心理比较紧张或者胆怯，往往不知所措，不能得心应手。对此，教练员要多多鼓励，布置的任务要具体而明确，使其上场后能放开手脚，大胆投入比赛。有些年轻运动员性格开朗，求战心切，敢于在赛场上发挥自己的才干，和强手争高低。虽然在技术战术上还不够成熟，但由于他们的积极性高，主动性强，能够在赛场上发挥一定的作用，这类年轻的运动员往往成长得比较快。

（二）对手的实力情况

在对手实力较差而本方实力雄厚时，运动员极容易出现麻痹大意、草率轻敌的情绪，思维过程不深刻，注意力不能很好地集中，意志力量也不足，激活水平较低，技术动作比较随便，比赛的心理强度小，总想轻而易举取得胜利。一旦遇到困难，就会产生情绪的波动，难以进行自我控制和调节，致使动作和阵势紊乱。

如果碰到的对手实力较强，而己方实力稍差时，运动员往往会出现两种不同的心理状态：一种情况是心理准备充分，不畏强敌，勇猛顽强，敢于碰硬，果断善战，扬长避短，注意灵活，思维敏捷，战斗积极性较高，斗志旺盛，激战情绪高涨，克敌制胜；另一种情况与之相反，心理上虽然有充分准备，但往往被对方的气势所压服，决心动摇，情绪波动，缺乏战斗信心和果断行为，从而使思维的效能减弱，不能更好地进行分析判断和采取相应的对策，束手无策，处处被动。

当与对手实力相当时，运动员往往会产生想赢怕输的思想，心理活动也会出现两种不同的状态：一种是心理准备充分，没有思想包袱，一心想赢，不怕困难，敢于拼搏，并能针对对方的缺点，采取恰当的战术策略，激发出自己的潜在力量，以高涨情绪力争取胜；另一种情况是在心理上有一定的压力，怕输，内心忐忑不安，情绪不稳定，怕发挥不好而影响全队，怕被埋怨，因而小心谨慎，放不开手脚，发挥不出自己的水平，被动受敌而败北。

（三）临场比赛的形势

处于领先时，运动员的心理状态也会出现不同的变化，主要表现为全队充满信心，头脑清醒，士气高涨，思维敏捷，注意力集中，情绪稳定而适度紧张，斗志旺盛。运动技术发挥得心应手，不断扩大战果，力争取得胜利。但有的运动员因一时的优势而产生"松"的情绪，满足于暂时的胜利，防守松懈，进攻无力，对可能产生变化的局面准备不足。当对方逐渐从落后状态直追上来时，往往又会产生急躁情绪，有的运动员因觉察到变化的原因，自尊心受到了影响，表现出一种激愤情绪，便立即动员自己的全部力量，奋力拼搏，克服内外一切障碍，压倒对方，保持领先的优势。但有的运动员会表现出紧张、急躁，动作失调，进攻单一，成功率不高，防守因急躁频频犯规，情绪低落，缺乏反攻的坚强意志，甚至无力扭转战局，最后出现意想不到的败局。处于落后被动地位时，运动员并未丧失斗志，头脑清醒，全队及时调整阵势，果断运用积极的策略措施，精神大振，士气旺盛，全力以赴拼搏，积极发挥技术特长，情绪热烈，以增力情绪不断提高战绩，扩大战果。但有的运动员面对落后被动的形势，失去了对比赛取胜的信心，情绪低落，缺乏应有的主动性、积极性和拼搏的斗志，手足无措，处处被动挨打而失败。当比分从落后向上明显追赶时，运动员往往斗志增强，积极性较高，全身力量倍增，情绪高涨，技术战术不但得到充分发挥，而且具有一定的威力，顽强的意志品质等起到了巨大作用，尤其是当比分追至相持阶段时，运动员如能发挥正常，拼搏到底，即可取胜。当战局处于相持或决战阶段时，运动员心理状态的主要特点是，意识到比赛是在紧要关头，头脑十分清醒，思想上高度集中，知觉的敏锐性提高，思维、判断极其敏捷准确，情绪饱满。

三、赛后心理状态的分析及恢复

运动竞赛的成功或失败，都会使运动员在比赛后产生各种各样的心理活动，并伴随各种情绪体验。尤其是重大比赛的成绩，对运动员来说是最强的心理刺激，它在大脑皮层中的痕迹作用可长达 1~3 个月，甚至有的运动员因一次失败造成心理上的某些创伤，从此一蹶不振而中断运动生涯。因此，如不重视比赛后运动员心理状态的分析和及时调整，优胜者常常陶醉于欣喜兴奋之中，失利者往往陷于沮丧苦恼的境地，不仅影响正常的生活和训练，甚至出现伤病事故。由于运动员不同的个性特点和具有不同的意识倾向，在比赛后的情绪体验不同，所产生的心理状态也不同，一般来说，无论是比赛的成功者或是失败者，其情绪体验都有积极和消极两个方面。

（一）胜利后的情绪体验

1. 积极的情绪体验特点

对胜利的优越感，对所获得成绩的满足感，出现愉快的心境与振奋感，对以后训练提高的迫切感和为今后参加比赛取得更好成绩的自信感等。

2. 消极的情绪体验特点

对取得成绩表现出自夸自大、盲目自信、骄傲自满，对自己的水平估计过高，轻视他人，看不到自己的不足及缺点，对下一步的训练与提高漠不关心，对以后的比赛不愿付出更大的努力，产生"到顶"的情绪体验。

（二）失败后的情绪体验

1. 积极的情绪体验特点

对于比赛的失利原因能正确认识，从失败中吸取教训，总结经验，有决心克服自己的缺点，学习别人的长处，努力提高自己的运动技术水平，下定决心刻苦训练，争取下次比赛获胜，表现出稳定情绪和迫切感、责任感。

2. 消极的情绪体验特点

对于失败感到不满、苦恼，极不愉快，体力衰竭，无精打采，丧失信心，甚至表现出某种委屈情绪，患得患失，怨天尤人。

（三）赛后心理恢复

运动员在比赛中要承受较大的身体和心理负荷，赛后需要心理调整。目前，常用按摩、理疗等手段，这些都是对机体各部分组织进行的主动和被动的机械性恢复，只能反射性地改善和调节中枢神经系统的机能，而不能主动地对中枢神经系统产生直接影响。长期以来，人们对运动员训练和比赛后出现的生理疲劳进行了较为系统的研究，但对运动员由于心理紧张和心理压力而产生的心理疲劳却未足够重视，也很少有人采用心理手段来消除。

1. 通过认知调整比赛所带来的消极心理反应

在运动竞赛中，成功与失败是竞技体育永恒的主题。研究表明，在运动竞赛中，运动员的身心处于高度紧张状态，所有的心理过程都进行得异常迅速、激烈、活跃。高度紧张贯穿于运动竞赛的始终。运动员不论是赛前出现的紧张，还是赛后出现的心理异常，通常都是一种暂时的心理现象，是人的一种情绪状态。而且多是由于对比赛各种刺激因素及本人参赛的条件，做出具有威胁性的自我评价并形成某种强大的心理压力而产生的，因此教练员要教会运动员学会认知，正确看待比赛的胜负，以防止胜利后运动员的兴奋陶醉和失败后运动员的沮丧对将来训练和比赛产生消极影响。消除不正常的进攻心理，比赛时运动员的拼搏和进攻性不会即刻消失，在失败的运动员身上表现得更为突出，必须注意疏导。提高运动员的自我认知，克服盲目自大，防止丧失信心。

2. 运用语言暗示及时消除比赛后的心理疲劳

随着竞技体育的发展，比赛越来越激烈，使运动员长期承受较大的心理压力，导致运动员表现出心理疲劳现象。当运动员产生心理疲劳时，主观感觉乏力、意志减弱、情绪不安、烦躁易怒、对训练和比赛兴趣减退等，产生心理疲劳后，经过适当的调整，其疲劳能够得到恢复。如果疲劳得不到恢复，心理疲劳持续积累，就会对运动员产生负面影响。语言暗示对消除比赛后的心理疲劳起着非常重要的作用，运用语言暗示可以采用自我暗示诱导放松，也可以采用他人暗示

（如利用录音带）诱导放松，这样使运动员的精神和肌肉就可以在语言的诱导和音乐的良性刺激下充分放松，并使大脑安静，从而调节大脑有序地工作。

3. 运用生物反馈训练法进行心理康复训练

生物反馈训练法是利用电子仪器把运动员内脏活动的信息显示出来，使自己了解行动的效果，是一种消除过度紧张的心理训练。运动员在比赛中或比赛后的心理状态有时是不正常的，这从生理机制上得到反应，如心率加快、毛细血管扩张、血压升高等。通过电子仪器显示的各种信号，使运动员了解自己在紧张情况下的一些主要生理反应，从而学会如何控制生理机能，进而消除精神的紧张。目前，运动心理学界用遥测、皮肤电阻变化等信息进行反馈。如利用肌电反馈，当肌电信号明显减弱，训练者根据灯光渐灭、声音渐小或图像逐渐平稳就知道自己逐渐放松，努力体会放松的感觉。但需指出的是，运动员掌握这种方法需要经过长期的训练，因为它是属于中枢神经系统对植物性神经系统的调节和控制的过程，绝不是短期训练所能达到的。因此，生物反馈训练必须与其他康复训练结合进行，才能取得较好的训练效果。

4. 利用催眠术进行心理康复训练

催眠术是通过心理暗示的方法，使受术者的心理活动达到某种境界，呈现一种介于觉醒和睡眠之间的特殊心理状态。在这种状态下，受术者思维狭窄、意识恍惚，能与施术者保持密切的感应关系，对施术者的每句话、每个字全部接收，绝对服从，对外界的干扰毫无反应。催眠主要是通过一些单调、重复、刻板的刺激和反复运用一些表明生理睡眠的词语，使受术者的听觉、视觉或触觉产生疲劳，诱发不同程度的催眠现象。用于消除心理疲劳的催眠术，可以在运动间歇或运动后进行。催眠用于消除疲劳能起到令人惊奇的效果，无论是在训练后、比赛间歇还是比赛后，使用自我催眠或他人催眠，都能迅速消除疲劳和继续保持充沛的体力。

5. 通过想象放松训练，解除心理疲劳

想象放松是指运动员想象自己处在某种使他们感到放松的环境之中。运动员仰卧、四肢平伸，处于安静状态，闭上眼睛，注意集中在大脑所想象的事物上，这种技术的目的是改变人的心理环境。

6. 通过自我心理调整练习，进行心理康复训练

自我心理调整是指借助语言暗示以及与语言一致的思维形象作用于人自身，

改变情绪反应以及各器官和系统的机能状态，词语以肯定的方式影响人的自我感觉和活动能力，是心理自我调整方法的基础。自我心理调整有两个方面，即自我说服和自我暗示。首先，要通过呼吸调整和语言暗示进入朦胧状态，在这种状态中，大脑对于语言以及语言相联系的思维形象特别敏感；其次，要学会高度集中注意力。神经—肌肉心理练习的目的是使运动员学会有意识地校正体内某些自动化过程，同时，这种练习有利于心理康复。

7. 通过音乐调节法，进行心理康复训练

音乐能够影响人的大脑和身体是早为人所知的。研究表明，音乐能够使人产生兴奋、镇静、平衡等情绪状态。音乐给予运动员的声波信息，可以用来消除运动员比赛后的心理紧张和心理疲劳。所以，在运动员比赛后选择一些优美的轻音乐或运动员平时喜爱的音乐，使运动员专注于对音乐的欣赏，给中枢神经系统以良性刺激，消除因紧张激烈的比赛在大脑皮层中的强痕迹作用，对功能恢复有积极的促进作用。运动员赛后心理康复的手段还有很多，如比赛后组织一些文娱活动、郊游、听音乐会等，也可以通过心理咨询，给运动员提供合理宣泄的机会，使运动员把消极的情绪释放出去，达到心理调整的目的。

但无论运用哪一种方法都必须遵循因人而异的原则，有目的地加以运用。现代社会竞技体育的发展越来越激烈，这就需要运动员有高度发达的神经。在比赛中运动员要承受巨大的心理压力，运动员身体和心理都非常疲劳。因此，运动员赛后心理康复非常重要。赛后心理康复得好与坏，直接影响运动员今后的训练和比赛，作为运动员或教练员应像对待赛前心理训练一样重视赛后心理康复。

参考文献

[1] 中国排球协会,高沈阳. 中国青少年排球教学训练大纲[M]. 北京:人民体育出版社,2004.

[2] 黄汉升. 球类运动——排球[M]. 北京:高等教育出版社,2015.

[3] 熊坚,罗睿,肖勇. 排球运动发展理论与技战术研究[M]. 长春:吉林大学出版社,2012.

[4] 廖钟锋. 现代排球技战术创新发展与实战训练探析[M]. 北京:中国书籍出版社,2014.

[5] 薛庆云. 心理训练在高校排球教学和训练中的应用研究[J]. 当代体育科技,2014,4(20):25-27.

[6] 张亮. 基于比赛结构模型的排球技战术优化教学策略与实证研究[D]. 武汉:武汉体育学院,2012.

[7] 孙平. 排球基本技术教学训练练习方法的归纳及电子库的创建[D]. 北京:北京体育大学,2014.

[8] 孙一. 功能性力量训练对青少年女子排球运动员体能影响的实证研究[D]. 长春:吉林大学,2016.

[9] 姜欢环. 论述多媒体技术在高校排球教学与训练中的应用[J]. 当代体育科技,2016,6(23):31-33.

[10] 檀志宗,李男. 体能康复训练的最新研究进展[J]. 体育科研学报,2011,32(5):25-28.

[11] 张春合,蔡端伟. 功能性力量训练的理性思考——基于专项竞技能力形成的视角[J]. 体育学刊,2013,20(1):98-103.

[12] 董德龙,王卫星,梁建平. 振动、核心及功能性力量训练的认识[J]. 北京体育大学学报,2010,33(5):105-109.

[13] 尹洪满,孙平,张明,等. 排球运动员专项体能训练的核心要素[J],北京体育大学学报,2015,38(11):126-132.

[14] 尹洪满. 高水平男排比赛分竞赛过程对抗阶段的制胜规律[J]. 北京体育大学学报,2013,36(10):111-116.

[15] 耿帅,马土龙. 我国优秀排球运动员心理构成要素及训练研究[J].

佳木斯职业学院学报 2016（1）：266 – 268.

[16] 刘素伟. 关于我国排球运动员体能训练的研究 [J]. 当代体育科技，2016，5（5）：40 – 41.

[17] 黄汉升. 球类运动——排球 [M]. 北京：高等教育出版社，2005.

[18] 屈东华，史友宽. 普通高校体育教育专业排球普修课教学现状调查研究 [J]. 体育科学研究，2005（2）.

[19] 李鹤洲，葛春林. 体育教育专业排球课程考核的现状调查与分析 [J]. 北京体育大学学报，2005（5）.

[20] 张五平，刘建华，孙小俐. 排球专修班学生教学技能培养模式的实践探讨 [J]. 成都体育学院学报，2007（5）.

[21] 张萍，付哲敏，林森. 体育教育专业排球专业课学生实践能力培养及考核结果分析 [J]. 沈阳体育学院学报，2007（6）.

[22] 中国排球协会. 排球竞赛规则 2009—2012 [M]. 北京：人民体育出版社，2009.

[23] 高子琦，黄辅周. 排球裁判必读/学做裁判丛书 [M]. 北京：北京体育大学出版社，2000.

[24] 和平，王健. 14—16 岁女生习得排球运动技能过程的实验研究 [J]. 武汉体育学院学报，2005（4）.

[25] 廖哲勋，田慧生. 课程新论 [M]. 北京：教育科学出版社，2003.

[26] 季浏. 中学《体育与健康》教材的作用和使用 [J]. 基础教育课程，2007（1）.